BEI GRIN MACHT SICH [
WISSEN BEZAHLT

- Wir veröffentlichen Ihre Hausarbeit,
  Bachelor- und Masterarbeit

- Ihr eigenes eBook und Buch -
  weltweit in allen wichtigen Shops

- Verdienen Sie an jedem Verkauf

Jetzt bei www.GRIN.com hochladen
und kostenlos publizieren

Ellen Simon

Geografische Informationssysteme in Unternehmen

„Best-Practices", Einsatzpotentiale und Wettbewerbsvorteile

GRIN Verlag

Bibliografische Information der Deutschen Nationalbibliothek:

Die Deutsche Bibliothek verzeichnet diese Publikation in der Deutschen National-
bibliografie; detaillierte bibliografische Daten sind im Internet über http://dnb.d-
nb.de/ abrufbar.

Impressum:

Copyright © 2012 GRIN Verlag GmbH
Druck und Bindung: Books on Demand GmbH, Norderstedt Germany
ISBN: 978-3-656-45946-0

Dieses Buch bei GRIN:

http://www.grin.com/de/e-book/214495/geografische-informationssysteme-in-
unternehmen

GRIN - Your knowledge has value

Der GRIN Verlag publiziert seit 1998 wissenschaftliche Arbeiten von Studenten, Hochschullehrern und anderen Akademikern als eBook und gedrucktes Buch. Die Verlagswebsite www.grin.com ist die ideale Plattform zur Veröffentlichung von Hausarbeiten, Abschlussarbeiten, wissenschaftlichen Aufsätzen, Dissertationen und Fachbüchern.

Besuchen Sie uns im Internet:

http://www.grin.com/

http://www.facebook.com/grincom

http://www.twitter.com/grin_com

Einsatzpotentiale geografischer Informationssysteme für Non-governmental Organisationen anhand der „Best-Practices" in Unternehmen

Bachelorarbeit

der Wirtschaftswissenschaftlichen Fakultät der
UNIVERSITÄT AUGSBURG

Universität Augsburg

Lehrstuhl für Wirtschaftsinformatik und
Management Support

UNiA
Universität
Augsburg
University

Wissenschaftliche Mitarbeiterin

Vorgelegt von: Ellen Carolin Simon

Abgabetermin der Arbeit: 30.07.2012

Abstract

Geografische Informationssysteme (GIS) verknüpfen raumbezogene Daten mit Unternehmensdaten und stellen diese in grafischer Form dar. Sie erfassen, überprüfen, speichern, reorganisieren, modellieren und analysieren raumbezogene Daten. Diese Eigenschaften eines GIS nutzen Unternehmen um Entscheidungen auf einer fundierten Basis zu fällen.

GIS sind dabei nicht an ein bestimmtes Anwendungsgebiet gebunden, vielmehr eignen sie sich aufgrund der von ihnen bereitgestellten Methoden und Techniken für eine Vielzahl betriebswirtschaftlicher Fragestellungen. Im Mittelpunkt stehen dabei die Entscheidungsunterstützung und Visualisierung von Daten.

Rund 80 % der Unternehmensentscheidungen besitzen einen Raumbezug, setzen also Geoinformationen voraus, weshalb das Interesse am Einsatz von GIS ständig ansteigt. Unternehmen nutzen GIS in den Bereichen Marketing, Standortplanung und in Analysen von Markt- und Vertriebsgebieten. Durch die Darstellung von „Best-Practices" ausgewählter Bereiche, gelingt es, den GIS-Einsatz idealtypisch darzustellen. Fallbeispiele aus der betrieblichen Praxis verdeutlichen die Einsatzpotenziale von GIS.

Diese Einsatzmöglichkeiten stehen auch Non-governmental Organizations (NGOs) offen, um ihre politischen, gesellschaftlichen, sozialen und ökonomischen Interessen zu verwirklichen. Die „Best-Practices" sind eine Orientierungshilfe für NGOs, ihre Ziele erfolgsorientiert umzusetzen. Diese Arbeit ermittelt neue Anwendungsszenarien von GIS für NGOs anhand von konkreten Fallbeispielen aus der herkömmlichen Unternehmenspraxis.

Inhaltsverzeichnis

Abkürzungsverzeichnis v

Abbildungsverzeichnis vi

Tabellenverzeichnis vii

1   **Einleitung und Motivation** 1

2   **Aufbau der Arbeit** 3

3   **Forschungsziele** 4

     3.1   Erkenntnisziele 4

     3.2   Gestaltungsziele 4

4   **Geografische Informationssysteme** 5

     4.1   Begriffliche Grundlagen und Abgrenzungen 5

     4.2   Aufbau und Leistungsumfang 6

         4.2.1   Datenstrukturen 6

         4.2.2   Datenbeschaffung und Datenqualität 8

         4.2.3   Analysetechniken 10

     4.3   Softwareüberblick und neuste Technologien 12

5   **„Best-Practices" geografischer Informationssysteme in Unternehmen** 16

     5.1   Darstellung ausgewählter Anwendungsbereiche 16

         5.1.1   Anwendungsbereich: Marketingplanung 16

         5.1.2   Anwendungsbereich: Standortplanung 21

         5.1.3   Anwendungsbereich: Risikomanagement bei Versicherungen 25

     5.2   Potentiale und Nutzen 29

6   **Übertragung der Nutzenpotentiale von Geografischen Informationssystemen auf NGOs** 32

     6.1   Einsatzgebiete Geografischer Informationssysteme in NGOs 32

     6.2   Fallbeispiele 32

         6.2.1   Kampagnenplanung: Greenpeace „GreenAction" 33

         6.2.2   Standortplanung: Unicef „Schulen für Afrika" 38

         6.2.3   Katastrophenmanagement: Ärzte ohne Grenzen 40

     6.3   Potentiale und Nutzen 42

7   **Zusammenfassung, kritische Würdigung und Ausblick** 44

Literatur **46**

Abkürzungsverzeichnis

bspw.	beispielsweise
bzw.	beziehungsweise
ca.	circa
d. h.	das heißt
engl.	englisch
et al.	et altera
evtl.	eventuell
GIS	Geografische Informationssysteme
NGOs	Non-governmental Organizations
o. V.	ohne Verfasser
PLZ	Postleitzahl
S.	Seite
usw.	und so weiter
u. a.	unter anderem
v. a.	vor allem
z. B.	zum Beispiel

Abbildungsverzeichnis

Abbildung 4.2.1-1 Vergleich zwischen Raster- und Vektortechnik (Ausschnitt aus Heywood et al. 2011, S. 79)..8

Abbildung 4.2.2-1 Wege der Eingliederung von digitalen und analogen Daten in einen GIS-Datenbestand in Anlehnung an Saurer und Behr (1997, S. 86)..9

Abbildung 4.2.3-1 Layertechnik (Ehlers und Schiewe 2012, S. 48).....................................11

Abbildung 5.1.1-1 Anteil der Single Haushalte 2009 (GfK GeoMarketing 2010, S. 11).......17

Abbildung 5.1.1-2 Außenwerbung Bionade (dds 2012c)...20

Abbildung 5.1.2-1 Ergebnis einer Filialnetzplanung (Infas Geodaten GmbH 2012a)...........24

Abbildung 5.1.3-1 Erwarteter Verlauf des Hurricanes über Cancun (Swiss Reinsurance Company 2008, S. 14)...28

Abbildung 5.1.3-2 Hurricaneverlauf, Hotels und Küstenüberschwemmungsrisiko Cancun (Swiss Reinsurance Company 2008, S. 14)..28

Abbildung 5.1.3-3 Ergebnistabelle der Risikoanalyse (Swiss Reinsurance Company 2008, S. 14)..29

Abbildung 6.2.1-1 Plakat GreenAction (Greenpeace 2012d)..35

Abbildung 6.2.1-2 Regionale GreenAction Kampagne (Greenpeace 2012e)........................37

Abbildung 6.2.1-3 Internationale GreenAction Kampagne (Greenpeace 2012f)...................37

Abbildung 6.2.3-1 Hurricane Katrina in New Orleans (Heywood et al. 2011, S. 405).........41

Tabellenverzeichnis

Tabelle 4.2-1 Unterschiedliche Datentypen bei der Datengewinnung in Anlehnung an Saurer und Behr (1997, S. 87) 10

Tabelle 5.2-1 Nutzenmatrix von GIS für Unternehmen 30

Tabelle 6.3-1 Nutzenmatrix von GIS für NGOs..42

1 Einleitung und Motivation

Geografische Informationssysteme (GIS) sind computergestützte Systeme, die aus einer Hardware-, Software-, Daten- und Anwenderkomponente bestehen. Mit Hilfe von GIS können Unternehmen ihren Daten einen Raumbezug geben. Dabei ist die Beschaffung, Eingabe, Verwaltung, Analyse und Präsentation von Unternehmensdaten die Hauptaufgabe eines GIS (Szabo 2006, S. 29 f.). Ursprünglich stammen GIS aus den USA und Kanada, dann breiteten sie sich simultan zum PC-Markt auch in Europa bzw. Deutschland weiter aus. Dabei fanden sie anfangs Einzug in Behörden und Institutionen, dort vorwiegend in deren raumbezogene Planungsprozesse (Longley und Clarke 1995, S. 4).

Abhängig von der Zielsetzung entwickelten sich jedoch unterschiedliche GIS. Zu ihren traditionellen Absatzmärkten gehörten Katasterämter, Behörden im Umwelt- und Ausbildungsbereich, Forstinstitute sowie Universitäten. Später gewannen GIS auch bei privaten Anwendern und Unternehmen an größerer Beliebtheit. Es entwickelten sich intuitiv zu bedienende GIS-Softwareprodukte, die Unternehmen für kartographische Analysen nutzen, um ihre bisherigen wirtschaftlichen Auswertungen zu erweitern und zu verbessern (Schüssler 2000, S. 12).

Heutzutage besitzen GIS gegenüber früher einen komplexeren Charakter. Sie tragen ähnlich wie Decision Support Systeme der Business Intelligence-Technologie in Unternehmen dazu bei, Entscheidungen auf einer fundierten Grundlage zu fällen. Die Business Intelligence-Technologie eignet sich gut um GIS in die IT-Landschaft des Unternehmens zu integrieren und so eine auf Unternehmensdaten basierte Entscheidungsgrundlage zu liefern (Lamont 2009, S. 27). Durch die meist schnell verständliche Darstellung von Unternehmensdaten auf Karten, erfasst der Leser einen räumlichen Zusammenhang in der Regel schneller als bei reiner Betrachtung der Daten in Tabellen (o. V. 2005, S. 26).

Diese Eigenschaft gewinnt in der heutigen Informationsgesellschaft an Bedeutung, da Unternehmen ohne GIS oft nicht in der Lage sind, Daten in einen räumlichen Bezug zu setzen. Der Einsatz von GIS trägt jedoch wesentlich zum Unternehmenserfolg bei, da rund 80 % aller Entscheidungen auch einen räumlichen Bezug besitzen. Daraus ergibt sich die Notwendigkeit für Unternehmen bei den Entscheidungsfindungsprozessen und Optimierungsfragen geografische Daten einzubeziehen (Peyke 2004, S. 12).

Das Forschungsinstitut Vanson Bourne erstellte eine Umfrage für Google zum Thema „Geo-Technologien" und befragte dabei 250 deutsche IT-Manager aus Finanz- und Transportfirmen sowie aus dem Einzelhandel und dem öffentlichen Sektor (Pressebox 2012). Einen Vorteil von GIS sah knapp jeder zweite Befragte (48 %) in der Kundenbindung und etwas über ein Drittel (38 %) sieht einen verbesserten Erkenntnisgewinn. 34 % gaben an, eine höhere Produktivität und Effizienz zu erlangen und 30 % bescheinigten, dass ihre Kosten gesunken seien. Auf der anderen Seite nutzen 42 % der IT-Manager noch keine Geo-Lösungen. 29 % der Befragten gaben an, die geografische Beschaffenheit ihrer Lieferkette nicht zu kennen und jeder Fünfte wisse nicht, wo seine Kunden lokalisiert sind. Jedoch wies mehr als die Hälfte (53 %) auf die besondere Bedeutung hin, regionale Einkaufs-, Produkt und Kundeninformationen analysieren zu können. Es zeigen sich auf der einen Seite die Vorteile, die der GIS-Einsatz mit sich bringt und auf der anderen die Gruppe von IT-Managern, die diese Potenziale noch nicht ausschöpft aber gewillt ist, dies zu tun. Diese Arbeit befasst sich genau mit dieser Thematik, indem sie durch Beispiele aufzeigt, wie Unternehmen GIS einsetzen und dadurch Kosten sparen, die Produktivität steigern, die Effizienz erhöhen oder konkrete Probleme lösen.

Unternehmen setzen GIS heute in sehr unterschiedlichen Anwendungsfeldern ein. Innerhalb desselben Anwendungsbereichs weichen die Lösungsansätze voneinander ab. Außerdem lassen unterschiedliche Begrifflichkeiten und Analysearten den Eindruck entstehen, dass es keinen einheitlichen Leitfaden für den GIS-Einsatz gäbe. Diesem Eindruck wirkt diese Arbeit durch die Darstellung von „Best-Practices" entgegen. Dadurch entstehen bewährte Muster, Methoden bzw. Vorgehensweisen, wie in den bestimmten Fragestellungen mit GIS umzugehen ist. Um diese „Best-Practices" zu verdeutlichen, werden passende Beispiele beschrieben.

Aus diesen „Best-Practices" und Anwendungsbeispielen lassen sich Nutzenpotentiale ableiten, die deutlich machen, welche Rolle GIS in Unternehmen tatsächlich spielen. Auf der einen Seite stehen somit Beispiele von Unternehmen, die GIS schon erfolgreich einsetzen und dadurch große Nutzenpotentiale generieren. Auf der anderen Seite schöpfen soziale Organisationen die Potentiale noch nicht vollständig aus. Eine Gruppe dieser Organisationen sind „Non-governmental Organizations" (NGOs), zu Deutsch „Nichtstaatliche Organisationen" oder „Non-governmental Organisationen".

Eine NGO ist jede nicht gewinnorientierte, freiwillige Bürgerinitiative, die sich lokal, national oder international organisiert. Sie ist zielorientiert und besteht aus Personen mit gleichen Interessen. Eine NGO vertritt die Interessen der Bürger vor dem Staat, verteidigt und überwacht Rechtsprechungen und kümmert sich dabei um bestimmte Bereiche wie Menschenrechte, Umweltschutz oder Gesundheit (NGO Global Network 2012).

Damit NGOs ihre Belange schneller, leichter und zielorientierter verfolgen können, setzen NGOs heutzutage schon GIS ein, jedoch sind die Potentiale noch nicht komplett ausgeschöpft. Diese Arbeit untersucht, wie und in welchen Fällen, NGOs ihre Ziele durch den GIS-Einsatz besser verfolgen können. Die zentrale Fragestellung lautet: „Welche Potentiale des GIS-Einsatzes stehen für die ausgewählten NGOs offen?". NGOs müssen erkennen, welche Nutzenpotentiale GIS für sie darstellen, um diese bei ihrer wichtigen Arbeit zielorientiert zu nutzen.

2 Aufbau der Arbeit

Kapitel 4 „Geografische Informationssysteme" führt in das Thema ein und bildet somit die Grundlage für die gesamte Arbeit. Dieses Kapitel skizziert ein GIS in seiner Architektur, seinen Einzelteilen und erläutert das Funktionsspektrum. Es befasst sich als erstes mit den begrifflichen Grundlagen und Abgrenzungen wie GIS, Kartographie und den unterschiedlichen Begrifflichkeiten für „GIS" sowie die Abgrenzung zu einem Landinformationssystem (LIS). Daraufhin wird der Aufbau und Leistungsumfang eines GIS erläutert, das sich in die Datenstruktur, Datenbeschaffung und Analysetechnik gliedert. Das Unterkapitel 4.2 „Softwareüberblick und neuste Technologien" verschafft einen Einblick in die verschiedenen GIS-Softwareangebote. Im Zusammenhang von GIS und neuen Technologien ergeben sich vielfältige Einsatz- und Analysetechniken. Eine kurze Darstellung zeigt das weitreichende Spektrum von GIS auf.

Kapitel 5 „'Best-Practices' geografischer Informationssysteme in Unternehmen" diskutiert für drei Anwendungsbereiche Leitfäden zur Lösung betriebswirtschaftlicher Fragestellungen. Ziel dieses Kapitels ist es, Nutzenpotentiale von GIS in Unternehmen aufzuzeigen. Die Unterkapitel 5.1.1 – 5.1.3 sind folgendermaßen aufgebaut:

Als erstes wird das Anwendungsgebiet erläutert und das „Best-Practice" mit Hilfe von Skizzen dargestellt. Danach folgt die Beschreibung eines konkreten Unternehmensbeispiels mit der jeweiligen Problemstellung und Lösung durch den GIS-Einsatz. Das Resultat ist eine Ergebnismatrix, deren Aufbau das Kapitel 5.2 systematisiert.

Kapitel 6 „Übertragung der Nutzenpotentiale von geografischer Informationssystemen auf NGOs" greift die Unternehmensbeispiele aus Kapitel 5 auf, indem es daraus passende Fallbeispiele für NGOs ableitet. Als erstes bedarf es einer Bestandsaufnahme, die in Kapitel 6.1 erfolgt. Dort wird geklärt, inwieweit NGOs GIS bereits einsetzen. Die Unterkapitel 6.2.1 – 6.2.3 stellen selbst entwickelte Anwendungsszenarien dar, die auf eine praktische Umsetzung ausgelegt sind.

Kapitel 7 „Zusammenfassung und Ausblick" fasst alle Ergebnisse zusammen und leitet aufgrund der gewonnen Erkenntnisse Fragestellungen ab, mit denen sich zukünftige Arbeiten befassen sollten.

3 Forschungsziele

Aus Motivation und Aufbau der Arbeit resultieren Fragen, mit denen sich diese Bachelorarbeit beschäftigt. Diese Fragen gliedern sich in Erkenntnisziele und Gestaltungsziele.

3.1 Erkenntnisziele

Was versteht man unter einem GIS und welche wichtigen Eigenschaften besitzt es? Welche Architektur und welche Bestandteile prägen ein GIS? Welche Besonderheiten oder Eigenarten gilt es beim Einsatz eines GIS zu beachten? Die Kenntnisse dieser Aspekte verdeutlichen, was bei Struktur, Beschaffung und Qualität der benötigten Daten zu beachten ist. In diesem Zusammenhang ist zu klären, welche Software im Moment auf dem Markt vorhanden ist und welche neuen Technologien im Umfeld von GIS eine Rolle spielen.

„Best-Practices" verfolgen das Ziel, allgemeingültige Muster aufzustellen, um die Frage des erfolgreichen Einsatzes von GIS in konkreten Bereichen beantworten zu können. Welche Besonderheiten sind zu beachten und welcher idealtypische Ablauf sollte ein Unternehmen dabei verfolgen? Dieser Ablauf umfasst zum einen den Aufbau des GIS, zum anderen aber auch die Vorgehensweisen bei der Auswertung seiner Datenbestände.

Aus Sicht ihres betrieblichen Einsatzes ist zu klären: In welchen Bereichen setzen Anwender GIS ein und mit welchen Fragestellungen beschäftigen sich dabei Unternehmen? Wie lautet die zugehörige betriebswirtschaftliche Aufgabenstellung und welches Verfahren führt zur Lösung des damit verbundenen Problems? Welche Funktionen bzw. Methoden führt der Anwender eines GIS im Kontext einer konkreten Fragestellung aus?

3.2 Gestaltungsziele

Das Gestaltungsziel dieser Arbeit zeigt auf, welche Potentiale NGOs durch den Einsatz eines GIS generieren können. Wo liegt der Nutzen für ausgewählte NGOs und in welchen Situationen könnte die NGO ein GIS einsetzen? Szenarien aus der Praxis verdeutlichen, welche Potentiale noch offen stehen und wie NGOs diese ausschöpfen können.

4 Geografische Informationssysteme

Dieses Kapitel dient dazu, die begrifflichen Grundlagen und Abgrenzungen im Bereich der GIS aufzuarbeiten. Ohne Kenntnis dieses Inhalts versteht man die folgenden Kapitel nur schwer. Generell sollten Entscheidungsträger die Merkmale im Bereich des Aufbaus und Leistungsumfangs eines GIS kennen, unabhängig davon, ob das Unternehmen für die Lösung ihrer betriebswirtschaftlichen Fragestellungen später einen externen Softwareanbieter beauftragt. Das Verständnis über die verschiedenen Datenstrukturen, Datenbeschaffung und Analysetechniken dient dazu, eine Aussage über mögliche Lösungsansätze zu treffen.

Als Literatur für Kapitel 4 dienen Bücher der Geographie, Geoinformationssysteme und Geoinformatik. Diese Standardliteratur wie das Werk von Bill (2010) stellen die Grundlagen zu GIS dar und arbeiten das Thema grundständig auf. Bei der Literaturrecherche kamen überwiegend der OPAC der Universitätsbibliothek Augsburg sowie die wissenschaftlichen Datenbanken WISO (Genios) und Business Source Premier zum Einsatz.

4.1 Begriffliche Grundlagen und Abgrenzungen

Aufgrund zahlreicher, bisher uneinheitlicher, Definitionen und Begrifflichkeiten rund um GIS ist es notwendig, die wichtigsten Begriffe voneinander abzugrenzen, zu interpretieren und sich letztendlich auf eine Definition festzulegen.

Die Motivation, Kapitel 1 dieser Arbeit, erläutert den Begriff „Geografisches Informationssystem" knapp; diese Erklärung bedarf aber einer genaueren Definition des wichtigsten Begriffs dieser Arbeit. In der Fachliteratur findet man zu GIS viele und sehr unterschiedliche Definitionen:

„Das Instrumentarium der Geografischen Informationssysteme ist wesentliches Handwerkszeug einer modernen Geographie für die systematische Erfassung, Verknüpfung, Bewertung und Darstellung räumlich differenzierter Informationen." (Grossmann 1989, S. 2)

Diese Definition betont die technischen Gegebenheiten eines GIS und verknüpft diese mit der Kartographie, die eine Teildisziplin der Geowissenschaften darstellt. Die Internationale Kartographische Vereinigung (International Cartographic Association 2003) beschreibt die Kartographie als eine wissenschaftliche Disziplin, die sich mit der Art und Weise, wie Karten erstellt werden, auseinandersetzt. Bei der Kartographie setzen GIS Daten in Bezug auf Positionen der Erdoberfläche. Es entstehen raumbezogene Daten (Geodaten). Im Zusammenhang mit der Kartographie spielt auch die Technik der GIS eine Rolle: Die Raster- und Vektortechnik. Mit dieser Komponente der GIS beschäftigt sich das Kapitel 4.2.1 dieser Arbeit.

Einen anderen Schwerpunkt legt die Definition nach Bill fest:

„Ein GIS ist ein rechnergestütztes Informationssystem, das aus den vier Komponenten Hardware, Software, Daten und den Anwendungen besteht. Mit ihm können raumbezogene Daten digital erfasst und überprüft, gespeichert und reorganisiert, modelliert und analysiert sowie alphanumerisch und grafisch präsentiert werden." (Bill 2010, S. 8)

Diese Definition zerlegt ein GIS in vier Komponenten: Hardware, Software, Daten und Anwendungen. Dadurch kann man die Zusammensetzung eines GIS sehr leicht nachvollziehen. Die Hard- und Software dient dazu, die Daten einzugeben, zu verknüpfen, sie zu verwalten und auszugeben. Über unterschiedliche GIS-Software gibt das Kapitel 4.3 einen Überblick. Unter Anwendungen versteht man die Analyse- und Auswertungstechniken, die das Kapitel 4.2.3 beschreibt. Darüber hinaus zielt diese Definition auf die rechnergestützten GIS ab, welche Gegenstand dieser Arbeit sind. In der englischen Literatur kommen hauptsächlich die Begriffe „Geographic Information System" oder „Geographical Information System" vor, die entsprechend der Definition nach Bill zu verstehen sind.

Die Definition nach Bill (2010, S. 8) ist für diese Arbeit grundlegend, da sie alle notwendigen Komponenten anspricht. Ein GIS ist in dieser Arbeit nach dieser Definition zu verstehen.

Im deutschen Sprachgebrauch werden für GIS teilweise verschiedene Begriffe gebraucht, die jedoch einen unterschiedlichen Sachverhalt darstellen können. Die häufigsten Begriffe mit ihren Akronymen sind:

- Landinformationssystem (LIS)
- Geo-Informationssystem (GIS)
- Rauminformationssystem (RIS)
- Raumbezogenes Informationssystem (RBIS)

Unter LIS wird ein System verstanden, das sich auf Grund und Boden bezogene Daten einer bestimmten Region konzentriert und dabei ein Hilfsmittel für Rechts-, Wirtschafts- und Verwaltungsentscheidungen darstellt. Die Hauptanwendung liegt dabei auf Vermessung, Katasterwesen und amtlicher Kartographie. Das LIS hat somit ein anderes Ziel als ein GIS und wird hiervon verhältnismäßig klar abgegrenzt. GIS, RIS und RBIS unterscheiden sich inhaltlich nicht, da sie sich alle mit der Verknüpfung von Sach- und Geometriedaten befassen. GIS ist darunter jedoch der am meisten verwendete Begriff (Saurer und Behr 1997, S. 6).

4.2 Aufbau und Leistungsumfang

Dieses Kapitel befasst sich mit dem Aufbau und Leistungsumfang von GIS und beschreibt in Abschnitt 4.2.1 die wichtigsten Datenstrukturen: Raster- und Vektordaten. Diese bilden den Grundstein eines GIS um den erforderlichen Datenbestand aufbauen zu können. Ein wichtiger Aspekt der GIS ist auch die Datenbeschaffung, deren unterschiedlichen Wege und Probleme in 4.2.2 dargestellt werden. Ein GIS verfügt über verschiedene Techniken, mit denen der GIS-Anwender die Daten auswertet. Diese Analysetechniken erläutert Kapitel 4.2.3.

4.2.1 Datenstrukturen

Die Kartographie als Komponente eines GIS ermöglicht es, digitale Karten zu erstellen. Die Raster- und Vektortechnik bildet hierfür das Fundament, das elementar für die digitale grafische Darstellung ist (Sturm 2008, S. 10).

Bei der Rastertechnik sind Eigenschaften oder Werte einzelner Bildpunkte (Pixel) in Flächen abgespeichert. Die Formen dieser Flächen sind gleich groß, in der Regel quadratisch und zeilen- und spaltenweise angeordnet. Eigenschaften dieser Bildpunkte können z. B. unterschiedliche Farben sein. Um eine zusammenhängende Grafik mit der Rastertechnik darzustellen, werden einzelne Bildpunkte aneinandergereiht, damit eine Fläche entsteht. Diese Bildfläche bzw. Grafik entspricht dann einem Punkt, Linie, Fläche oder einem Zeichen. Rasterdaten entstehen z. B. beim Scannen von Karten und Luftbildern. Der Rastertechnik liegt das Prinzip der Folientechnik zugrunde, was sich nachteilig auswirkt, da der Bezug zwischen den Objekten nur gering abgebildet ist. Erst der Objektbezug ermöglicht detaillierte Aussagen über die dargestellten Objekte zu treffen. Somit fehlt bei der Verwendung der Rastertechnik teilweise die nötige Detailliertheit. Demgegenüber eignet sie sich jedoch sehr wohl für Betrachtungen, die einen Überblick geben sollen (Grünreich 1992, S. 6).

Die Vektortechnik besteht aus Informationen, die über geometrische Punkte definiert sind. Eine Linie stellt dabei das Grundobjekt dar, die über einen Anfangs- und einen Endpunkt festgelegt ist. Stützpunkte haben die Aufgabe, verschiedene Linien miteinander zu verbinden, so dass eine Grafik entsteht. Mathematische Rechenregeln, die auf vektorbasierten Daten beruhen, beschreiben unterschiedliche geometrische Objekte. Die meisten Softwareprogramme arbeiten mit der Vektortechnik, da sie nach Steingrube (1997, S. 42) wesentliche Vorteile hat: Geringerer Speicherbedarf, kein Qualitätsverlust bei Vergrößerungen einzelner Grafikabschnitte, kürzere Rechenzeiten und das Arbeiten mit der Layertechnik. Layer sind Schichten oder Ebenen einer Karte, die der Anwender bei Bedarf ein- oder ausblendet (siehe dazu Kapitel 4.2.3).

Abbildung 4.2.1–1 zeigt in der Mitte das ursprüngliche Objekt, in der linken Spalte seine Kodierung mit Hilfe der Rastertechnik und zum Vergleich ist in der rechten Spalte die Vektortechnik dargestellt. Besteht die Datenstruktur eines GIS aus der Kombination aus Raster- und Vektordaten, wird es als ein hybrides GIS bezeichnet.

Das Buch „Desktop Mapping. Grundlagen und Praxis in Kartographie und GIS" von Olbrich et al. (2002, S. 132) erörtert die Datenstrukturen in GIS:

Ein weiterer Begriff der Datenstrukturen in einem GIS sind Geometriedaten, die auf den Raster- und/oder Vektordaten aufbauen und die eigentliche geometrische Definition vornehmen. Geometriedaten beschreiben somit die exakte Lage und räumliche Ausdehnung von Punkten, Linien, Flächen. Erst die Geometriedaten bilden, verknüpft mit einer Metrik, die geografischen Gegebenheit der zu modellierenden Umwelt maßstabsgetreu ab.

Zusätzlich können Geometriedaten ihre Informationen mit räumlichen Attributen, wie die Länge von Linien oder die Größe der Flächen, anreichern. Ein Teil der Geometriedaten sind mit Sachdaten, nicht-räumlichen Attributen über die dort anzutreffenden Entitäten, verknüpft. Nicht-räumliche Attribute entsprechen z. B. Bevölkerungsdaten oder betriebswirtschaftlichen Kennzahlen eines Unternehmens.

Geometrie- und Sachdaten ergeben über ein Darstellungsverfahren eine thematische oder angewandte Karte. Eine thematische oder angewandte Karte setzt sich aus einer topografischen Basiskarte (sozusagen als Hintergrundinformation) und den darüber liegenden Sachdaten, dem thematischen Inhalt, zusammen.

Um Geometrie- mit Sachdaten zu verknüpfen, erhalten beide eine Verbindungsvariable, um im GIS jederzeit flexible Querbezüge und Auswertungen vornehmen zu können.

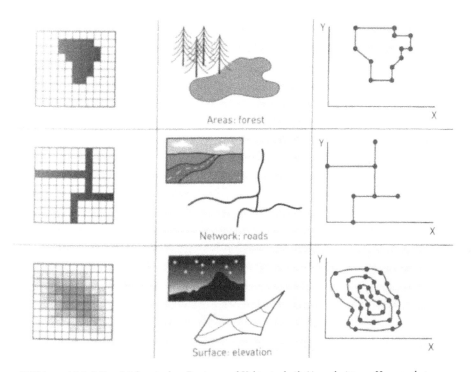

Abbildung 4.2.1-1 *Vergleich zwischen Raster- und Vektortechnik (Ausschnitt aus Heywood et al. 2011, S. 79)*

4.2.2 Datenbeschaffung und Datenqualität

Für die Datenbeschaffung räumlicher Daten greift der Anwender eines GIS auf eine Vielzahl von Quellen zurück. Nach Saurer und Behr (1997, S. 85) stehen folgende Datenquellen zur Verfügung: Statistiken, Geländemesswerte, Klassifikationen, Fernerkundungsdaten, Ergebnisse von Modellrechnungen, Topografische Karten und Pläne. Je nachdem, ob diese Daten analog oder digital vorliegen, muss der Anwender sie unterschiedlich in das GIS eingliedern. Generell bieten sich die folgenden Verfahren für die Beschaffung der Daten an:

-   eigene Erhebungen direkt vor Ort
-   amtlichen Quellen
-   kommerziellen Anbieter wie kartographische Verlage oder Datenverarbeitungsunternehmen

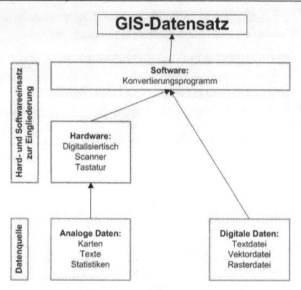

Abbildung 4.2.2-1 *Wege der Eingliederung von digitalen und analogen Daten in einen GIS-Datenbestand in Anlehnung an Saurer und Behr (1997, S. 86)*

Abbildung 4.2.2–1 schematisiert die unterschiedlichen Wege zur Eingliederung der Daten. Der Anwender nutzt digitale Daten direkt über ein Konvertierungsprogramm als GIS-Datensatz, während analoge Daten den Zwischenschritt über die Spezial-Hardware nehmen. Scanner sind in der Lage alle drei analogen Datentypen (Karten, Texte, Statistiken), über ein Scan-, Muster-, und Texterkennungsprogramm zu verarbeiten. Der Digitalisiertisch und die mit ihm verbunden Programme wandeln Daten in Karten um. Texte und Statistiken können alternativ zum Scanner über eine Tastatur verbunden mit einem Erfassungsprogramm, das die Umwandlung zum GIS-Datensatz vornimmt, erfasst werden. Somit wird deutlich, dass es sehr unterschiedliche Wege für die Erfassung eines GIS-Datensatzes gibt.

Um die Aussagekraft der späteren GIS-Analysen zu maximieren, ist die Datenqualität der GIS-Datensätze von entscheidender Bedeutung. Die Begriffe „Datenqualität" oder auch die „Datengüte" beschreiben die Eignung der Daten, die Realität, d.h. die tatsächliche Situation korrekt abzubilden. Oft spricht man auch von der „Datengenauigkeit", „Datenkonsistenz" oder „Informationsqualität". Der Begriff „Datengenauigkeit" trifft das Wesen der Datenqualität jedoch nur teilweise, da unter der „Datengenauigkeit" oft ein Maß für die rechnerische Genauigkeit zu verstehen ist.

Die Maßnahmen der Qualitätssicherung bei der Datenerfassung bestimmt die Datenqualität. Vor der Datenerfassung steht die eigentliche Datengewinnung oder Datenerhebung, diese unterteilt Daten in primäre, sekundäre und tertiäre Daten. Tabelle 4.2 – 1 bildet verschiedene Gruppen von Datenklassen ab, beschreibt diese und die mit ihnen verbundenen Erfassungsmethoden.

Bezeichnung	Beschreibung	Erfassungsmethoden
Primärdaten	direkt im Gelände erhoben	Bebohrung, Aufzeichnung von Fernerkundungsdaten, Lagebestimmung über GPS
Sekundärdaten	aufbereitete Primärdaten	Typisierung, statistische Aufbereitung, kartographische Darstellung
Tertiärdaten	aus Primär- und Sekundär abgeleitete, modellierte Größen	Räumliche Niederschlagsverteilung, Ergebnisse eines Grundwasserströmungsmodells

Tabelle 4.2-1 Unterschiedliche Datentypen bei der Datengewinnung in Anlehnung an Saurer und Behr (1997, S. 87)

Eine wichtige Erkenntnis, die mit diesen Datenklassen verbunden ist: Mit jedem Schritt der Aufbereitung von Primärdaten verschlechtert sich die Datenqualität. Saurer und Behr (1997, S. 87) gehen davon aus, dass geeignete Prüfverfahren im Rahmen der Qualitätssicherung grobe Fehler in den Primärdaten eliminieren.

4.2.3 Analysetechniken

GIS unterscheiden sich gegenüber den anderen Informationssystemen durch ihre vielseitigen geografischen Analysefunktionen. Der Anwender kann Abfragen direkt an die Datenbestände formulieren, die sich aus Datentransformationen und –Analysen ergeben. GIS bieten die Möglichkeit der Datenanalyse in Bezug auf topologische und räumliche Aspekte. Zusätzlich berücksichtigen GIS gegenüber anderen grafischen Systemen Sachdaten wie Unternehmensdaten. Durch den Analyseprozess kann der Nutzer aus vorhandenen Daten neue Informationen gewinnen oder Schlussfolgerungen vornehmen, um so Entscheidungen zu fällen (Kappas 2001, S. 141).

Je nach angewandter Software, Anwendungsgebiet, Problemstellung und Unternehmen unterscheiden sich die Analysetechniken der GIS. Für diese Arbeit reicht es aus, diejenigen Techniken kennenzulernen, die Unternehmen am häufigsten einsetzen und die unabhängig von der jeweiligen Software sind.

Unternehmen wollen vor allem Informationen aus verschiedenen Quellen miteinander kombinieren, um neue Erkenntnisse zu gewinnen. Unter diesem Gesichtspunkt spielt die kombinierte Form der Datenanalyse eine Rolle, die Raum- und Sachdaten miteinander verknüpft. Zu den kombinierten Analysen, die Geometrie- und Sachdaten verbinden, gehören folgende Techniken (Szabo 2006, S. 41):

- Die Verschneidungs-, Overlay-, Layer- oder auch Überlagerungstechnik ist eine der Basisanalysen in GIS. Geografische und/oder sachliche Datenebenen überlagern sich als Schichten (engl.: Layer).

Dabei ist es wichtig, dass sich die Objektgrenzen decken, da der Anwender sonst Angleichungen vornehmen muss. Durch Maßberechnungen lassen sich dann z. B. Distanzen zwischen zwei unterschiedlichen Objekten berechnen.

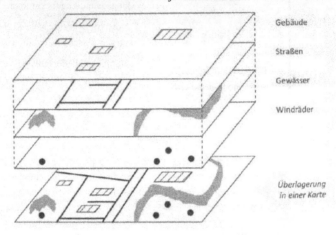

Abbildung 4.2.3-1 *Layertechnik (Ehlers und Schiewe 2012, S. 48)*

Abbildung 4.2.3–1 veranschaulicht vier Schichten, die jeweils aus Gebäude, Straßen, Gewässer und Windräder bestehen. Die Layertechnik legt die einzelnen Schichten übereinander und erzeugt somit eine integrative Karte. Je nach Bedarf blendet der Anwender einzelne Schichten aus oder ein, um eine Karte den Bedürfnissen entsprechend darzustellen.

- Die Nachbarschaftsanalyse kann Aussagen über ein Objekt aufgrund dessen angrenzenden Nachbarn machen. Es sind somit Rückschlüsse auf ein Objekt möglich, die z. B. bei der Charakterisierung von Gelände (Hangneigung) nötig sind.

- Die Topologie-/Netzwerk-Analyse der Graphentheorie (z.b. kürzester Pfad, Routen- und Tourenberechnung) fokussiert sich auf Verbindungen zwischen den Daten und findet vor Allem in der Wegeoptimierung zur Routenplanung (Notdienste, Taxis) oder bei der Standortplanung Anwendung.

Häufige Anwendung finden auch die analytisch-statistischen Verfahren. Dazu gehören vor Allem die multiple Regressions- und Korrelationsanalyse. Die Regressionsanalyse untersucht Variablen nach ihrer grundsätzlichen Abhängigkeit, wohingegen die Korrelationsanalyse die Stärke der bestehenden Abhängigkeiten (Korrelation) misst. Außerdem nimmt die Clusteranalyse für Marketingzwecke eine besondere Rolle ein, da sie mit Hilfe von Raumtypen (Cluster) andere Raumeinheiten einer bestimmten Klassifizierung zuordnet. Nah beieinanderliegende Raumeinheiten weisen oft ähnliche Eigenschaften auf, die daher zu einem Cluster zusammengefasst sind. Dabei entstehen homogene Raumtypen, die es erlauben, den Markt zu segmentieren und Zielgruppen ausfindig zu machen (Szabo 2006, S. 42). Man spricht hier auch von Segmentierung.

Eine sehr beliebte Analyseart stellt die Pufferzonenmethode dar, die verschiedene Ausprägungen hat: Kreis-, Linien-, und Flächenpuffer. Ein Puffer ist eine Fläche, die um ein bestimmtes Objekt herum gebildet wird. Der Kreispuffer bildet sich mit einem definierten Radius um einen Punkt herum. Diese Analysetechnik hilft z.b. bei der Fragestellung, wo sich der nächste Konkurrent eines Unternehmens im Umkreis von 5 km zum eigenen Standort befindet. Dabei stellt der eigene Standort (z. B. eine Filiale) den Punkt dar, um den sich dann der Puffer zieht. Der Linienpuffer kommt zum Einsatz, wenn sich z. B. eine Zone mit der Breite von 100 Meter um eine Straße bilden soll, wohingegen der Flächenpuffer sich um eine definierte Fläche begibt. In der Praxis stellt eine solche Fläche z. B. ein Naturschutzgebiet oder – See dar, zu dem ein 500 Meter breiter Abstand in alle Richtungen einzuhalten ist.

Meist wird die Pufferzonenmethode nicht allein angewandt, sondern in Kombination mit der Überlagerungsanalyse. Durch die Verknüpfung von verschiedenen Puffern desselben Ausschnitts ist es möglich unterschiedliche Datensätze miteinander zu kombinieren, um die Abfrage komplexer zu gestalten. Gleichzeitig steigt die Aussagekraft der Analyse, da mehr Restriktionen Berücksichtigung finden (Ehlers und Schiewe 2012, S. 80).

Am Ende jeder Analyse gilt es aus den Ergebnissen für das Unternehmen, die zugrundeliegenden Aussagen und damit verbundene Schlussfolgerungen abzuleiten. Um die Sachverhalte der Analyse einfach und verständlich präsentieren zu können, ist eine grafische Aufbereitung der Analyse, der Aussagen und Schlussfolgerungen hilfreich. Dabei passt der Anwender das Layout der Karten wie Farben, Formen und Standards an das jeweilige Unternehmen an, damit die Entscheidungsträger in der Lage sind die Karte intuitiv zu verstehen. Das Thema der Präsentation bzw. der Kartenaufbereitung- und Darstellung ist an dieser Stelle nicht weiter ausgeführt, da der Schwerpunkt der Arbeit auf den Einsatzpotenzialen und den damit unmittelbar verbundenen Analysetechniken liegt.

4.3 Softwareüberblick und neuste Technologien

Als Unternehmen sollte man überlegen, ob nicht der Einsatz einer GIS-Software zur weitergehenden Lösung wirtschaftswissenschaftlicher Fragestellungen sinnvoll, wenn nicht gar notwendig ist. Dabei spielt sowohl die Softwareauswahl als auch das Verständnis ihrer Funktionalitäten eine große Rolle. Der Markt der GIS-Software befindet sich immer noch im ständigen Wandel. Außerdem ist er in Sachen der Funktionalitäten sehr unübersichtlich, da für dieselben Sachverhalte unterschiedliche Begriffe Verwendung finden. Diese Gegebenheiten machen es schwierig, eine gründliche Analyse des GIS-Softwaremarktes vorzunehmen (Olbrich et al. 2002, S. 191).

Es sei angemerkt, dass je nach Anwender individuelle Anforderungen an GIS-Software bestehen. Ein Anwender aus Wissenschaft und Forschung entscheidet sich für eine GIS-Software mit Schwerpunkt Computerkartographie während ein Industrieunternehmen andere Ansprüche besitzt wie die Einbindung in die Unternehmensinfrastruktur und eine einfache Bedienbarkeit (Sturm 2008, S. 23).

Die folgende Auflistung der Softwarelösungen (in Klammern jeweils Hersteller) ist angelehnt an die Auflistung von Olbrich et al. (2002, S. 209) sowie aktualisiert, ergänzt und kurz erläutert. Sie dient dazu, einen groben Überblick über die Softwareprodukte zu bekommen, hat jedoch keinen Anspruch auf Vollständigkeit.

- ArcGIS (ESRI)
- RegioGraph (GfK GeoMarketing)
- EasyMap (Lutum + Tappert)
- MapInfo (PitneyBowes)
- PolyPlot 5 (Institut für Geographie, Dr. Jörn Hauser)

ArcGIS bezeichnet eine Reihe verschiedener Software-Produkte des amerikanischen Herstellers ESRI (Environmental Systems Research Institute). Die Produktfamilie ArcGIS besteht aus 5 Bausteinen: Desktop-, Server-, Mobile- und Online-GIS sowie ESRI Data, die man als Anwender bedarfsorientiert zusammenstellen kann. Die Produkte von ESRI sind in der Praxis beliebt, da maßgeschneiderte Lösungen entstehen. So kann der Anwender die Daten dort anbinden, wo er sie benötigt: Am Desktop, via Server, im Web oder als mobiles GIS (ESRI 2012a).

GfK GeoMarketing bietet drei Versionen von RegioGraph an: Analyse (für Kunden- und Marktanalysen), Planung (für Vertriebsgebietsplanung) und Strategie (für eine detaillierte Standortplanung) (GfK GeoMarketing 2012). Auch diese Software ist weit verbreitet, da sie für Unternehmen alle wichtigen Funktionen (Im- und Export von Unternehmensdaten und Landkarten, Analysearten und Reporting) bereitstellt.

Easy Map von Lutum + Tappert ist ebenfalls für verschiedene Einsatzszenarien zu erhalten, so bietet das Unternehmen EasyMap als „Mapping", „Programmierschnittstelle" sowie als „Server"-Variante an. Darüber hinaus gibt es die Software Geo Business Intelligence und Lösungen für spezielle Branchen wie die Energieversorgung, Pharmaindustrie und Verwaltung (Lutum + Tappert 2012).

Eine neue Entwicklung von PitneyBowes stellt MapInfo Professional dar; als Anwender erhält man ein Komplettpaket für das gesamte Unternehmen. Es ist für Entwickler gleichermaßen geeignet wie für GIS-Einsteiger (PitneyBowes 2012a). Außerdem bietet das Softwarehaus eine spezielle Version zur Verbrechensanalyse an (PitneyBowes 2012b). Die Software MapXtreme richtet sich an Unternehmen, für die MapInfo Professional zur Beantwortung ihrer Fragestellungen nicht ausreicht (PitneyBowes 2012c).

Polyplot 5 vom Institut für Geographie richtet sich an geographische Institute im deutschsprachigen Raum, Ämter und Behörden aus den Sektoren der Vermessung und Umwelt oder an privatwirtschaftliche Planungsbüros der Umwelt-, Landwirtschafts- oder Verkehrsplanung (Hauser 2012).

Wichtig für Unternehmen ist, dass sie ihre Unternehmensdaten ohne zusätzliche Konvertierungsprogramme in das GIS eingliedern können. Dazu muss die GIS-Software über Importfunktionen verfügen, mit denen die Unternehmen ihre Daten in das GIS zu Analysezwecken zugänglich machen. Die beschriebenen Softwareprogramme verfügen über Schnittstellen, durch die der Anwender die Unternehmensdaten aus einem Standardprogramm wie Microsoft Excel importieren kann. Meist genügt es, wenn die Daten in „Tabellenform" vorliegen. Die benötigten Geometriedaten sowie branchenspezifische Sachdaten sind in den meisten Fällen in der ausgelieferten Software inbegriffen. So liefert GfK Geomarketing ihre Software inklusiver digitaler Landkarten und GfK Kaufkraftdaten für Deutschland, Österreich und der Schweiz aus.

Mit zunehmender Anwendung und Verbreitung von mobilen Endgeräten in Geschäftsprozessen, entwickeln sich auch in deren Umfeld interessante Einsatzmöglichkeiten von GIS. Immer mehr Unternehmen wünschen sich, GIS direkt vor Ort oder als eine internetbasierte Anwendung einsetzen zu können. Die aktuellen „Trends" der Weiterentwicklung von GIS gehen in diese Richtung. Um ein grobes Verständnis zu vermitteln, wie weitreichend der Einsatz von GIS in Unternehmen ist, folgt eine Darstellung der neusten Technologien.

Für die in Kapitel 5 behandelten „Best-Practices" reicht der heutige Forschungstand der „GIS-Trends" jedoch nicht aus, da sich gerade erst einheitliche Standards entwickeln und somit „Best-Practices" noch nicht endgültig und damit fix beschrieben werden können (Jochem 2012, S. 18).

Das Magazin „gis.TRENDS+MARKETS" gibt zwei Mal jährlich einen umfassenden Überblick über die neusten Entwicklungen auf dem GIS-Markt. So behandelt es in der neusten Ausgabe (01/2012) „Neue 3D-Technologien für zukünftige Geoanwendungen im Netz" (Jochem 2012, S. 16-23). Der Schwerpunkt liegt dabei auf dem Einsatz von 3D-Stadt- und 3D-Landschaftsmodellen mit neuster Computergrafik. Wie schon bei Spielen, Heimkinos und PC-Anwendungen findet auch auf dem GIS-Markt die stereoskopische Darstellung von Inhalten zunehmend Verbreitung. Mobile Endgeräte eignen sich immer mehr für eine derartige Darstellung, da sie sich in Rechnerleistung samt Hardware und Grafikdarstellung verbesserten. Jochem beschreibt ausführlich die Implementierung eines 3D-Stadtmodells, das „Tweets" von Twitter und Inhalte von flickr grafisch einbindet. Es werden jedoch nur „Tweets" mit Ortsangaben berücksichtigt, die das Modell mit Suchanfragen eines bestimmten Umkreises ausfindig macht. Die Software konstruiert ein 3D-Geometriemodell, um dem Anwender eine direkte Interaktion zu ermöglichen.

Eine andere neuartige GIS-Technologie ist ein mobiles GIS, das durch Location Based Services ihre Anwendung findet. Der GIS-Anwender kann Location Based Services durch den Einsatz von mobilen Endgeräten wie Smartphones oder Tablets vor Ort nutzen. Diese Dienste stellen Informationen in Bezug auf Geodaten bereit, indem sie das jeweilige Endgerät orten und somit passend zum Standpunkt verschiedene Dienste anbieten.

Eine vielseitige Darstellung dieser Dienste nehmen Zipf und Stobl (2002) in ihrem Sammelband „Geoinformation mobil" vor. In Form von Fachbeiträgen verschiedener Autoren wird der Einsatz von GIS als Location Based Service aus unterschiedlicher Anwendungsperspektive erörtert. Sie findet Anwendung in dreidimensionalen Karten, der Telekommunikationsbranche, Forstwirtschaft, Navigationsaufgaben insbesondere als Fußgängernavigationssystem, zur Unterstützung von Bergsteigern und Wanderern sowie als mobiler Zugriff auf Umweltinformationen. Die Einsatzmöglichkeiten von mobilen GIS besitzen ein sehr großes Spektrum, dessen ausführliche Darstellung an dieser Stelle jedoch zu weit führen würde. Ergänzend werden Akzeptanz und Erwartungen der Nutzer von Location Based Services diskutiert. Bei der Nutzerakzeptanz spielt auf der einen Seite die Einfachheit der Handhabung eine Rolle, die zusammen mit der Technologie von mobilen Endgeräten zunehmend wächst. Auf der anderen Seite steht der subjektiv wahrgenommene Nutzen, der durch den Einsatz von mobilen GIS und dessen Location Based Services für den Anwender entsteht. Die Erwartungen bzw. die Motivation der Nutzer an mobile GIS stellen Kölmel und Wirsing (2002, S. 89) in Form einer Umfrage der Boston Consulting Group dar. Der höchste Anteil der Nennungen ging dabei auf Zeitersparnisse, Zugriff auf Informationen in Echtzeit und die einfachere Kommunikation zurück.

Der Einblick in die Umsetzung eines mobilen GIS rundet das nachfolgende Anwenderbeispiel der letzten CeVIT 2012 ab. Dort stellte das Softwarehaus g.on experience ihre neusten Generation des Web Portals „g.on aimPort mobile" vor (g.on experience 2012). In Verbindung mit einem mobilen Endgerät kann der Anwender z. B. den Schaden an einem Verkehrsweg, die Erfassung von Zählerdaten oder die fotografische Erfassung von Details für eine geplante Baumaßnahme sehr einfach aufnehmen. G.on experience geht davon aus, dass Unternehmen mit dem Portal ihre Kosten reduzieren und die Prozesse vereinfachen können. Dieses Web Portal nutzen vor allem Standortbetreiber von Industrieanlagen, Büro- und Gewerbeparks sowie Flug- und Seehäfen.

5 „Best-Practices" geografischer Informationssysteme in Unternehmen

Dieses Kapitel stellt „Best-Practices" dar, die Unternehmen zur Problemlösung mit Hilfe von GIS einsetzen. Es sind drei Anwendungsbereiche ausgewählt: Marketingplanung, Standortplanung und das Risikomanagement bei Versicherungen. Unternehmen setzen GIS in diesen Anwendungsbereichen häufig ein, deswegen eignen sie sich sehr gut für die Ausarbeitung von „Best-Practices". Die Beschreibung von „Best-Practices" dient dazu, einen allgemeingültigen Musterablauf für die Lösung eines Problems darzustellen. Je nach eingesetzter GIS-Software gestaltet sich der Lösungsablauf unterschiedlich und basiert auf verschiedenen Analysefunktionen. Die hier entwickelten „Best-Practices" sind jedoch unabhängig von der Software und eignen sich deswegen perfekt um Nutzenpotentiale aufzuzeigen.

Als Literatur dienen überwiegend Artikel von GIS-Softwarehersteller sowie Fallbeispiele von Unternehmen, die GIS erfolgreich einsetzen.

5.1 Darstellung ausgewählter Anwendungsbereiche

Die Analyse der ausgewählten Anwendungsbereiche gestaltet sich wie folgt: Begrifflichkeiten und allgemeine Grundlagen der Bereiche sind als erstes knapp dargestellt. Danach gilt es, die jeweiligen „Best-Practices" herauszuarbeiten, die in einem nächsten Schritt durch Praxisbeispiele veranschaulicht sind. Die Praxisbeispiele gehen jeweils von einer konkreten Problemstellung aus und zeigen eine geeignete Lösung auf. Aufgeworfene Fragestellungen stammen von einem bestimmten Unternehmen, um die Darstellung möglichst anschaulich zu gestalten. Während die „Best-Practices" immer allgemein gehalten sind, beziehen sich die Praxisbeispiele oft auf einen konkreten Daten- und Softwarelieferanten.

5.1.1 Anwendungsbereich: Marketingplanung

Planung im Marketing lokalisiert und analysiert Kunden und Zielgruppen, um anschließend gezielt Marketingmaßnahmen durchführen zu können. Dabei ist es wichtig, den Streuverlust zu minimieren, also möglichst keine Marketingmaßnahme an einen Kunden zu richten, der nicht zur definierten Zielgruppe gehört und sich nicht für das Produkt interessiert (GfK Geo-Marketing 2010, S. 8).

Für das weitere Verständnis muss der Begriff „Geomarketing" bekannt sein, zu dessen Anwendungsbereich die Marketingplanung gehört. „Geomarketing" wird im Zusammenhang mit GIS häufig und oft auch als Synonym für GIS verwendet. Leider definieren verschiedene Verfasser den Begriff unterschiedlich und interpretieren ihn deshalb auch verschieden.

Eine häufig im deutschen Sprachgebrauch anzutreffende Definition geht auf Schüssler (2000, S. 9) zurück: „Geomarketing bezeichnet die Planung, Koordination und Kontrolle kundenorientierter Marktaktivitäten von Unternehmen mittels GIS. Es werden Methoden angewandt, die den Raumbezug der untersuchten unternehmensinternen und –externen Daten herstellen,

analysieren und visualisieren sowie sie zu entscheidungsrelevanten Informationen aufberei-
ten." Im Folgenden wird diese Definition herangezogen, um auf den breiten Aspekt des Geomarketings aufmerksam zu machen. Der Schwerpunkt dieses Unterkapitels liegt jedoch auf
der Marketingplanung.

Bei der Durchführung der Marketingplanung ergibt sich folgender Ablauf als „Best-Practice"
(GfK GeoMarketing 2011a, S. 8):

Das Ziel des ersten Schrittes ist die Zielgruppenlokalisierung. Dazu definiert das Unternehmen zunächst ihre Zielgruppe. Nach deren Definition folgt mit Hilfe des Geomarketings die
Lokalisierung der potentiellen Kunden. Dabei gilt das Prinzip „Gleich und Gleich gesellt sich
gern". So lassen sich Ballungsräume für verschiedene Zielgruppen herausfinden wie „Singles
in Berlin", „Senioren in Brandenburg" oder „Personen mit einer hohen Kaufkraft für das zu
bewerbende Produkt". Jedoch ist bei dem Prinzip „Gleich und Gleich gesellt sich gern" Vor-
sicht geboten, denn es trifft nicht auf alle Zielgruppen zu. So gilt dies nicht bei der Zielgruppe
„Brillenträger", jedoch schon bei der Aussage, dass mit zunehmendem Alter der Bedarf an
Sehhilfen steigt. Dieses Prinzip bedarf also der Überprüfung der zugrundeliegenden Gruppen-
bildung.

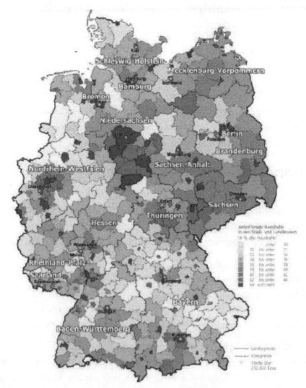

Abbildung 5.1.1-1 *Anteil der Single Haushalte 2009 (GfK GeoMarketing 2010, S. 11)*

Die Lokalisierung geschieht über die Einbindung von passenden Marktdaten in das GIS. Diese Marktdaten können je nach Art Auskunft über z. B. das Alter von Kunden, deren Kaufkraft und Wohnort geben. Anbieter dieser Daten gibt es viele, wie „GfK Geomarketing". Abbildung 5.1.1–1 zeigt Bevölkerungsstrukturdaten dieses Anbieters und bildet dabei alle deutschen Single Haushalte im Jahr 2009 ab. Diese sind in Prozent aller Haushalte gemessen, wobei eine dunklere Farbe auf einen höheren Prozentsatz deutet. Es fällt auf, dass Single Haushalte vor allem in großen Städten zu finden sind.

Als nächstes folgt die IST-Analyse der vorhandenen Kunden, da Unternehmen dadurch viel über den eigenen Markt lernen und ihren Erfolg objektiver beurteilen können. Dabei stellt sich die Frage, wie gut Unternehmen ihre Kunden wirklich kennen. In Kundendatenbanken werden Informationen über Adresse, Umsatz, Produktkäufe, Zugehörigkeit zu Servicegebieten usw. gesammelt aber oft nur ungenügend ausgewertet. Ein GIS wertet diese nützlichen und aussagekräftigen Informationen vor allem regional aus und stellt sie anschaulich dar. Durch die Einbindung von Unternehmensdaten in GIS können Karten erzeugt werden, auf denen die Verteilung der Kunden inklusive deren Umsatz zu sehen ist.

So ist ein Überblick sogar mit 10.000 Kunden noch möglich und das Wesentliche fällt schneller ins Auge. In diesem Schritt sollten Unternehmen vor allem darauf achten, ob sie mögliche Lücken auf der so erzeugten Landkarte erkennen. So ist schnell ersichtlich, ob in einer bestimmten Region noch keine oder nur wenige umsatzstarke Kunden zu finden sind.

Bei der Kundenanalyse spielt auch die Funktion des „Drill-Down" und „Drill-Up" eine Rolle. So kann der Anwender den Blickwinkel z. B. auf eine bestimmte Stadt verkleinern oder bei Bedarf auf ein Land vergrößern. Dabei darf der Anwender die laufende Aktualisierung der Daten nicht vergessen. Außerdem sei darauf hingewiesen, dass die Reihenfolge des ersten und diesen Schrittes keine Rolle spielt.

Nachdem die Zielgruppe lokalisiert und die Kundenanalyse abgeschlossen ist, folgt als letzter Schritt die Analyse der Marketingpotentiale. Dabei gibt es zwei Perspektiven: Die Mikro- und Makroperspektive. Makrodaten kommen bei der Aufbereitung von Unternehmensdaten für die Geschäftsführung, Präsentationen und Webseiten zum Einsatz. Wohingegen Mikrodaten einen sehr detaillierten Einblick geben und es ermöglichen, regionale Marketingaktionen zu planen wie Marketingevents, Plakatwerbung oder Prospektverteilungen. Mit Hilfe von Mikrodaten kann ein GIS regionale Marktbesonderheiten aufdecken, die sich auf einen feinräumigen Wirkungskreis beziehen. Je nach Fragestellung greift der Anwender also auf die Mikro- oder Makroperspektive zurück.

Das folgende Praxisbeispiel zur Marketingplanung befasst sich mit der optimalen Platzierung von Außenwerbung, also die Werbung im öffentlichen Raum, die immer auf eine bestimmte Zielgruppe gerichtet ist. Damit die Werbung von der jeweiligen Zielgruppe wahrgenommen wird, muss sie dort platziert sein, an der die Zielgruppe sich am häufigsten aufhält. Mit der Allokation der Zielgruppe und dessen Aufenthaltsort im öffentlichen Bereich gelingt es, die maximale Erreichbarkeit von Werbekampagnen zu erreichen.

Es gilt also die Zielgruppe zu erreichen und den Streuverlust so niedrig wie möglich zu halten. Bei der Außenwerbung erweisen sich die Planungsansätze als ausgereift und erfolgreich. Das macht dieses Thema als Praxisbeispiel so interessant.

Problemstellung:

Im Jahr 2008 stellte sich der Erfrischungsgetränkehersteller „Bionade" die Frage, wo die optimale Platzierung für ihre Außenwerbung sei. Das Unternehmen entwarf dabei Werbe-Slogans, die eine bestimmte Zielgruppe ansprach wie Schüler, Studenten, Anwohner, Kunden eines bestimmten Geschäfts oder Menschen, die sich überwiegend in bestimmten Regionen aufhielten. Die Werbe-Slogans erschienen unter dem Begriff „Botschaften 2008" und seien laut Unternehmen „frech, freisinnig sowie humorvoll". Diese Botschaften stehen immer im direkten Zusammenhang mit dem Standort des Motives (Bionade 2012). Es galt herauszufinden, wo das Unternehmen ihre Plakate optimal platzieren sollte.

Problemlösung:

Bionade beauftragte die Jost von Brandis Service-Agentur GmbH (JvB), eine der führenden Spezialagenturen für Außenwerbung in Deutschland mit der Lösung ihrer Fragestellung. Das Unternehmen setzt seit 8 Jahren Instrumente des Geomarkteing für die Verwaltung und Planung von Medien ein.

Bei der Problemlösung war an erster Stelle die Kartendarstellung mittels postalischen Grenzen entscheidend, die eine übersichtliche und aussagekräftige Darstellung von regionalen Zusammenhängen ermöglichten. Eine nützliche geografische Gebietseinteilung sind PLZ-Bereiche, welche aber in unterschiedlichen Genauigkeiten vorliegen. Diese Daten erhielt die JvB von der Digital Data Services GmbH (dds), die Daten rund um das Thema Geodaten anbietet (dds 2012a).

Die dds entwickelte ein System der PLZ-Bereiche, das über das fünf-stellige System hinausgeht. Es trägt die Bezeichnung PLZ8, da es aus den üblichen fünf plus drei weitere Zahlen besteht. Dabei teilen sich die ca. 8200 PLZ5-Gebiete Deutschlands so auf, dass sie nicht mehr 10.000 Einwohner (im Mittelmaß) sondern nur noch 500 Haushalte aufweisen.

Diese neue Einteilung war nötig, da für viele kleinräumige Betrachtungen die postalischen Gebiete nicht ausreichen. Sie sind nicht fein genug gegliedert und untereinander oft nicht vergleichbar, da sie sich von der Fläche und von der Bevölkerungszahl mitunter drastisch unterscheiden. Die Einteilung in PLZ8 ist kleinräumiger und durch die Zusammenfassung von ca. 500 Haushalten in einem Gebiet auch wesentlich homogener. Die PLZ8 Grenzen lassen sich zu den PLZ5- und Gemeindegrenzen zuordnen. Gemeindegrenzen sind administrative Grenzen, sozusagen die unterste Stufe im Verwaltungsaufbau. Somit lassen sie sich beliebig mit entsprechenden Daten kombinieren. Darüber hinaus sind die PLZ8 Grenzen manuell bereinigt, d. h. Autobahnen, Eisenbahnen und Flüsse wurden bei der Generierung berücksichtigt. Es besteht die Möglichkeit der Aggregation; die 78.000 Datensätze der PLZ8 Grenzen können beliebig mit übergeordneten zwei-, drei- oder fünfstelligen PLZ-Grenzen aggregiert werden (dds 2012b).

Besonderes Augenmerk lag bei der Umsetzung der Lösung jedoch auf der Kombination der PLZ8 Grenzen mit unterschiedlichen Sachdaten. Diese Sachdaten stammen aus einer Marktstudie namens „Typologie der Wünsche", kurz TdW. Diese Studie befasst sich seit 1974 mit dem Konsum- und Mediennutzungsverhalten der Deutschen. Jedes Jahr werden ca. 20.000 Personen nach ihren Verhaltensweise, Einstellung und Mediennutzung befragt. Das neue Konzept bei der Problemlösung war jedoch, die ermittelten Studienergebnisse mit den PLZ8 Grenzen zu verbinden.

Durch die Verbindung von TdW und PLZ8 ist es dem Anwender möglich, eine beliebige Zielgruppe zu definieren, diese anschließend auf engstem Raum zu lokalisieren. Außerdem erhält der Anwender die Kenntnis, wo sich diese Gruppe überwiegend aufhält und welche Vorlieben sie hat.

In dieser Studie sind viele verschiedene Merkmale über Gruppen gespeichert. Selektiert man z. B. die Altersgruppe 20 bis 30 Jahre, die auch angeben, ihre Einkäufe häufig bei Discountern zu erledigen, weiß man, in welchem sozialen Umfeld sie zu finden ist und welchen Wohntypus sie haben. Durch den Brückenschlag von Marktforschungsdaten und PLZ-Grenzen kann von einer „Topographie der Wünsche" gesprochen werden (dds 2012c).

Dieser Lösungsansatz ermöglichte es der JvB die Motive der Bionade Kampagne bewusst zielgruppenbezogen zu platzieren. Dabei stand die Lokalisierung spezieller Point of Interests wie Biogeschäfte, Schulen/Unis oder Ikea-Filialen im Mittelpunkt, denen über eine Analyse der nächstgelegenen Werbeträgerstandorte die passenden Plakatmotive zugeordnet wurden. An Schulen prangerte so der Slogan „Gut in Bio. Schlecht in Chemie" und vor Supermärkten mit zielgruppenrelevanter Kundschaft: „Eine Cola würde Ihren Kindern Bionade zu trinken geben".

So ermittelten sie in 23 Großstädten Standorte, die einen hohen Anteil der Zielgruppenhaushalte aufwiesen. Ein Beispiel sind Szenenviertel, Verbrauchermärkte und hochfrequentierte Standorte wie die Berliner Straße „Unter den Linden" (siehe Abbildung 5.1.1–2).

So gelang es dem Limonadenhersteller seine Außenwerbung gezielt zu platzieren um somit die relevanten Zielgruppen zu erreichen.

Abbildung 5.1.1-2 Außenwerbung Bionade (dds 2012c)

5.1.2 Anwendungsbereich: Standortplanung

Standortentscheidungen und Expansionen sind oft weitreichend und riskant, da sie mit hohen Kosten für das Unternehmen verbunden sind. Raumbezogene Unternehmensentscheidungen benötigen Expertenwissen und Fingerspitzengefühl. Jedoch reicht dies meist nicht aus, da die Gefahr besteht, wichtige Punkte nicht genügend betrachtet zu haben, sodass Kunden und evtl. auch die eigenen Mitarbeiter eines Unternehmens die Standortveränderung nicht annehmen (GfK GeoMarketing 2011a, S. 7).

Setzt das Unternehmen bei der Standortplanung ein GIS ein, kann es diese Fehler vermeiden oder zumindest minimieren, indem vorhandene Standorte, neue Vertriebswege, Standorte der Konkurrenz, die vorhandene Kaufkraft, Chancen und Risiken des neuen Standorts und unternehmensinterne Kundendaten bei der Entscheidung Berücksichtigung finden. Vor allem bei der Filialnetzplanung sind optimale Standorte entscheidend, denn sie bestimmen den Unternehmenserfolg in Umsatz und Gewinn maßgeblich: Richtet sich das Unternehmen nach den Analysen eines GIS zur Filialnetzoptimierung, schließt es etwaige Lücken in der Kundenerreichbarkeit, ist an besseren Standorten vertreten als die Konkurrenz und steigert somit ihren Marktanteil (GfK GeoMarketing 2011a, S. 16-17).

Welche Schritte für diese Analyseaussagen wichtig sind, zeigt folgendes „Best-Practice", das unabhängig von der gewählten Software beschrieben ist. In Anlehnung an das Vorgehen des Unternehmens Acxiom, einem Anbieter von Database Marketing Systemen im Bereich Kundendatenintegration und Kundenbeziehungsmanagement ist. Einer der Schwerpunkte des Unternehmens ist die Entwicklung von GIS-Lösungen (Acxiom 2012a). Das „Best-Practice" basiert auf dem „Fact Sheet" von Acxiom (2012b) sowie eigenen Überlegungen.

An erster Stelle muss sich der Entscheidungsträger die Frage stellen, welche Merkmale bei der Analyse zu berücksichtigen sind. Diese Merkmale sind je nach Unternehmen sehr unterschiedlich und umfassen Attribute wie „Haushalte mit X Kindern", „Kaufkraft des Haushalts", „Anzahl der Bewohner eines Mehrfamilienhauses", „Geschlecht der Einwohner", „Kundengruppe" oder „Haustiere vorhanden". Diese Aufzählung ist beliebig erweiterbar. Je nach Softwareanbieter sind diese Daten schon im GIS enthalten, werden hinzugekauft und implementiert oder selbst erhoben. Der erste Schritt kann sich durchaus wiederholen, solange bis alle Merkmale im GIS enthalten sind. Je nach Merkmalsauswahl ändert sich das Ergebnis der Standortplanung. Es empfiehlt sich, eine bestimmte Rangfolge dieser Merkmale festzulegen, damit die Aussagekraft der Analyse steigt. Merkmale, die das Unternehmen als besonders wichtig einschätzt, bekommen einen hohen Rang. Ist das Merkmal für das Unternehmen hingegen weniger wichtig, erteilt das Unternehmen eine niedrigere Rangposition. Nachdem die Analyse alle Schritte durchlief, errechnet das GIS den optimalen Standpunkt mit den gewichteten Merkmalen. Somit erhöht sich die Aussagekraft der Analyse, da sie die Präferenzen der Entscheidungsträger mit berücksichtigt.

Als nächstes sind alle Standorte der direkten Konkurrenten in das GIS aufzunehmen. Dieser Schritt ist wichtig, damit eine Einschätzung des voraussichtlichen regionalen Marktanteils möglich ist. Dafür muss der Anwender alle Konkurrenten ermitteln und exakt lokalisieren.

Mit Hilfe der Geocodierung gelingt es, Firmenadressen in das GIS einzupflegen, um die Wettbewerbssituation nicht zu vernachlässigen. Zusätzlich ist das GIS in der Lage, hierbei auch wichtige Größen wie Umsatz, Absatz und Verkaufsfläche der Konkurrenz mit aufzunehmen. Später sind dadurch klare Aussagen in Bezug auf die Wettbewerbssituation in Anzahl, Verteilung und Stärke möglich. Nicht zu vergessen sind demgegenüber die eigenen Standorte inklusive Umsatz, Absatz und Gewinndaten in das GIS-System einzugeben, wenn dies nicht bereits geschehen ist.

Die Analyse der Bestandskunden spielt bei der Standortplanung ebenso eine wichtige Rolle, da der Anwender Aussagen über die Höhe der Umsatzpotentiale eines Gebiets machen kann. Dabei muss er einen Abgleich zwischen der Nachfragestruktur (abgeleitet aus Kaufkraftdaten) und der Angebotsstruktur (zukünftiges Sortiment und Verkaufsfläche) vornehmen, um den Standort passgenau zu ermitteln. Außerdem spielt die Distanz der Kunden vom Wohnort zur Filiale eine Rolle. Filialen im Stadtkernbereich mit vielen Passanten haben oft einen hohen Anteil an Käufern, die nicht zu den Bestandskunden zählen, sondern eher spontan kaufen. Dem gegenüber stehen Filialen in der Nähe von Wohnsiedlungen, die ortsansässige Kundschaft bedienen und einen hohen Anteil an Stammkunden haben. Deswegen muss der Anwender bei der Planung eines Standortes in Stadtkerngebieten ein größeres Einzugsgebiet untersuchen als bei Standorten in der Nähe von Wohngebieten.

Anschließend trägt der GIS-Anwender alle zur Auswahl stehenden neuen Standorte ein; dabei kann es sich um Bauplätze oder Gewerbeimmobilien handeln. Diesen Schritt kann der Anwender jedoch vernachlässigen, wenn die Auswahl eines Standortes nur ein bestimmtes Gebiet, wie etwa die geeigneten Kreisstädte, anzeigen soll. In diesem Fall ergibt sich ein allgemeines Ergebnis, das das Unternehmen auch für zukünftige Entscheidungen heranziehen kann, da es sich nicht auf die zur Zeit verfügbaren Standorte beschränkt sondern diejenigen Gebiete anzeigt, wo das Unternehmen in Zukunft Standorte aufbauen sollte. Die Analyse ergibt somit auf strategischer Ebene, da die Unternehmensführung mit dem Ergebnis langfristig plant. Jedoch sollte dann hinterher die Suche nach einem Bauplatz bzw. einer Gewerbeimmobilie beginnen.

Nachdem alle Daten zu den Auswertungsmerkmalen, Konkurrenz, Kunden und eigene Unternehmensdaten in das GIS integriert sind, kommen die im Kapitel 4.2.3 erläuterten Analysetechniken zum Einsatz. Bei der Standortanalyse sind dabei vor allem die Pufferzonenmethode und anwendungsspezifische Berechnungen relevant. Es ergeben sich Potentialwerte, wobei alle ausgewählten Merkmale berücksichtigt sind. So entstehen potentielle Einzugsgebiete eines Standortes, die je nach Intensität der Eignung farblich abgestuft sind. Dabei stellt meistens die dunkelste Farbe, den Bereich dar, der am besten geeignet ist.

Danach ist eine grobe Übersichtskarte entstanden und der Anwender legt als nächstes Ausschlussflächen fest. Ausschlussflächen sind wichtig, um bestimmte Bereiche von vornhinein auszublenden. Denkbar wäre dabei, dass nur diejenigen Standorte in Frage kommen, die einen gewissen Abstand in Kilometer zu einer bereits bestehenden Filiale einhalten. Auch hierbei kann die Pufferzonenmethode zum Einsatz kommen.

Als Resultat entsteht eine Rangfolge aller potentiellen Standorte geordnet nach deren Eignung. Oft wird das eingesetzte GIS auch nach der Standortplanung weiter im Unternehmen eingesetzt. Es dient dazu, die Standorte kontinuierlich zu überwachen und betriebswirtschaftlich fundierte Aussagen über Einzugsgebiete und Kundenstamm zu machen. Außerdem lassen sich durch statistische Analysen in Kombination mit geografischen Analysetechniken Prognosewerte für zukünftige Quartale berechnen. Das folgende Praxisbeispiel veranschaulicht das „Best-Practice".

Infas Geodaten GmbH ist einer der führenden Geomarketing Anbieter und liefert u. a. für die Planung neuer Standorte bzw. Analyse bestehender Standorte umfangreiche Möglichkeiten und methodische Ansätze. Mit Hilfe eigener Software, wie dem „MarktAnalyst" und einem großen Umfang an Geodaten, ist die Firma in der Lage sehr komplexe Fragestellungen zu beantworten (infas Geodaten GmbH 2012a). E-Plus Mobilfunk GmbH & Co. KG beauftragte Infas Geodaten mit der Fragestellung, optimale Standorte für neue Filialen zu lokalisieren:

Problemstellung:

Die E-Plus Gruppe als drittgrößter Netzbetreiber im deutschen Mobilfunkmarkt unterhält die Eigenmarken „BASE", „simyo", „ay yildiz" und „vybemobile". Rund 23 Millionen Kunden der E-Plus Gruppe gliedern sich in eine Vielzahl unterschiedlicher Zielgruppen (E-Plus Gruppe 2012a). Für die Filialnetzplanung ist dieser Sachverhalt des Unternehmens sehr herausfordernd, da so die Entscheidungsträger des Unternehmens alle Vorteile eines GIS ausnutzen können.

Kähny und Bergmann (2012) berichten, dass die Standortwahl der zukünftigen Filialen im umkämpften Mobilfunkmarkt der Schlüssel zum Erfolg ist. Außerdem erschließt ein optimales Filialnetz nicht nur den Weg bestehender und potentieller Kunden sondern repräsentiert auch die eigene Marke. Vor diesem Hintergrund des Unternehmensprofils und Standortansprüche gilt es, die passenden Standorte auszuwählen.

Problemlösung:

Bei der Standortwahl ohne GIS fließen häufig subjektiv bewertete Faktoren bei der Entscheidung mit ein. Was zur Folge hat, dass der Entscheider Aspekte wie Miete bzw. Pacht, Objektverfügbarkeit und andere kaufmännische Kennzahlen qualitativ durch emotionale Aspekte bewertet. Standortentscheidungen nach dieser Methode sind jedoch selten präzise und wertneutral, da man die Entscheidung oft „aus dem Bauch heraus" fällt. GIS wirken diesem Effekt entgegen: Durch analytische Methoden entstehen objektivere, leichter nachvollziehbare Ergebnisse, die dazu führen, dass nach der Definition „guter" Standorte von E-Plus, ein optimales Filialnetz entsteht. Um einen Standort als „gut" bezeichnen zu können, muss er folgende Kriterien erfüllen:

„Eine gute Lage zeichnet sich durch eine hohe Zentralität und somit eine hohe Kundenfrequenz aus. Darüber hinaus besitzt sie eine regionale bzw. überregionale Anziehungskraft durch namhafte Filialisten vor Ort, nicht zuletzt den eigenen Wettbewerb. Diese Bedingungen führen zu hohen Einzelhandelsumsätzen." (Kähny und Bergmann 2012)

Um diese Anforderungen an einen „guten" Standort zu erfüllen, entwickelte E-Plus und Infas Geodaten in Kooperation mit internen Vertriebsbereichen und Filialen das GIS mit der Bezeichnung „StrAbSe" (Straßenabschnittselektion). Durch die Übertragung von Infas Geodaten über Einzelhandel, Gebäudetypologie, Fußgängerzonen, Filialstandorten und Konkurrenz entstand ein analytisches Modell.

Dieses GIS gibt nach Auswahl einer beliebigen Stadt Straßenzüge aus, die laut Definition geeignet sind. Als Ergebnis entsteht eine Rangfolge, die sich nach der Marktpräsenz im bundesweiten Vergleich richtet. Unterteilt nach eigenen Shops und Handelspartnern, wird für jede Stadt eine bestimmte Anzahl von Standorten empfohlen. Somit kann E-Plus ihr Filialnetz sukzessive entsprechend der Rangfolge ausbauen.

Abbildung 5.1.2-1 Ergebnis einer Filialnetzplanung (Infas Geodaten GmbH 2012a)

Zur grafischen Veranschaulichung dient Abbildung 5.1.2–1, die das Ergebnis einer Filialnetzplanung skizziert. Die konkrete Darstellung von E-Plus ist unternehmensintern und nicht öffentlich zugänglich, deswegen ist diese Abbildung exemplarisch zu sehen. Jedoch eignet sie sich perfekt für die Beschreibung eines möglichen Ergebnisses von „StrAbSe", da sie Straßenabschnitte farblich markiert darstellt. Durch die Anwendung von Kreispuffern um einen ausgewählten Standpunkt, grenzen sich die Einzugsgebiete farblich voneinander ab. Je dunkler die Farbe, umso größer ist das Einzugsgebiet. Zusätzlich zum Einzugsgebiet, kann E-Plus unternehmensinterne Daten wie Umsatz, Absatz und die Einzugsgebiete bestehender Filialen in das GIS einpflegen, damit das GIS das Potential der zukünftigen Filialen bestimmen kann. Außerdem ist „StrAbSe" in der Lage, Lücken im bestehenden Filialnetz aufzudecken, wodurch sich die Bestände besser bewerten lassen. Nachdem neue Filialen erschlossen sind, überwacht und analysiert das GIS die Filiale langfristig und objektiv.

5.1.3 Anwendungsbereich: Risikomanagement bei Versicherungen

Versicherungsunternehmen müssen in der Lage sein, ihr Kapital für die Auszahlung möglicher Schadenssummen effizient zu managen. Dafür ist es wichtig, dass Versicherer die Eintrittswahrscheinlichkeit des Versicherungsfalls kennen. Die Berechnung des jeweiligen Risikos ist dabei gleichermaßen unterschiedlich wie die Art der Versicherung. Dabei handelt es sich um die jeweilige Sparte: Haftpflicht-, Sach-, Kranken-, Unfall- oder Rechtsschutzversicherung. Möchte ein Versicherungsnehmer z. B. eine Photovoltaikversicherung abschließen muss das Versicherungsunternehmen das Risiko anders berechnen, als bei einer Unfall- oder Reiseversicherung. Die Vielzahl der Versicherungsarten spiegelt also auch die Anzahl der Risikoberechnungen wieder. Um ein „Best-Practice" der Versicherungsbranche darzustellen, ist es aus diesem Grund nötig, sich auf einen bestimmten Bereich festzulegen. Andernfalls ist die Beschreibung des „Best-Practice" nicht möglich, da es sonst zu spezifisch gehalten wäre.

Die Methoden der Geoinformatik sind für die Versicherungswirtschaft ein wichtiger Schlüssel zum Erfolg, da bei ihr kein Glied der Wertschöpfungskette ohne Geodaten- und Analysen auskommt. Versicherer setzen GIS sehr vielseitig ein bspw. bei der Produktentwicklung bis hin zum Schadensmanagement. Überwiegend verwenden Versicherer GIS jedoch beim Risikomanagement von Naturgefahren wie Hagel, Hochwasser, Sturm, Lawinen, Erdrutsch und Erdbeben (Siebert und Dolezalek 2008, S. 22). Die Beschreibung des „Best-Practice" erfolgt für den Bereich der Sturmmodellierung, mit dem sich auch das Anwendungsbeispiel der Wirbelstürme befasst und sich somit der Einblick in die Risikomodellierung abrundet.

Im Bereich der Risikomodellierung für Stürme ist das Unternehmen „RMS" (Risk Management Solutions) weltweiter Marktführer. Der Anbieter von Lösungen rund um das Risikomanagement von Naturgefahren entwickelte ein Modell auf Basis europaweiter Karten und Marktdaten von GfK GeoMarketing. Das Vorgehen und die Systematik des Modells ist nachfolgend als „Best-Practice" beschrieben, da es alle grundlegenden Eigenschaften der Risikomodellierung für Versicherer wiederspiegelt (RMS 2012; GfK Geomarketing 2011b, S. 16).

Das Modell generiert für Versicherungsunternehmen folgenden Nutzen: Der Versicherer berechnet für ein bestimmtes Versicherungsobjekt den erwarteten Schaden, der den Sturm verursacht und erkennt damit gleichzeitig das mögliche Verlustpotential für das gesamte Portfolio an Versicherungen. Der Hauptnutzen besteht somit aus der Wahrscheinlichkeitsberechnung, die es erlaubt, für den gesamten Bestand eines Versicherers eine vollständige Vorhersage des Risikos zu treffen.

Der Versicherer gibt dazu die Position, Gebäudeeigenschaften, Versicherungsnummer, Gebäudeart, Selbstbehalte und Entlastungseffekte in das GIS ein. Danach stehen verschiedene Analysetypen zur Auswahl. Das „Worst-Case"-Szenario spiegelt den größtmöglichen Schadensfall wieder. Ist der Anwender jedoch an einem spezifischen Ereignis interessiert, ist es möglich, sehr detaillierte Abfragen wie „Was würde es kosten, wenn das Sturmereignis XY jetzt einträte?" zu formulieren.

Um diese Analysen durchzuführen, beinhaltet das Modell 30.000 mögliche Sturmereignisse, die auf Europa treffen könnten. Die nötigen Daten für dieses Modell liefert eine unternehmenseigene Datenbank, „RMS Industry Exposure Database". Außerdem ist es durch meteorologische Berechnungen in der Lage, die Sturmspitzengeschwindigkeiten für jeden Ort und jedes Sturmszenario abzuschätzen. Eine weitere Modellkomponente sind implementierte Funktionen, die die Sturmstärke ins Verhältnis zum Schadenspotential an Gebäuden verschiedenster Baujahre, -typen und -größen setzen. Das Modell berechnet nicht nur die Schadenssumme für die Versicherungsunternehmen, sondern trifft auch Vorhersagen, inwieweit für Versicherungsnehmer Schäden entstanden sind.

Das Versicherungsunternehmen hat den Vorteil das „RMS Modell" sehr flexibel einzusetzen. Es kann die Zahl der Versicherungsobjekte auf eine bestimmte PLZ oder Bezirk eingrenzen und so die Werte ablesen. So ist es z. B. sinnvoll, in Städten oder Küstengebieten die Ergebnisse in einem Bereich von 1 km^2-Zellen zu berechnen, da hier große Unterschiede in Topografie und Umwelt zu plötzlichen Umschwüngen in der Windgeschwindigkeit führen und sich damit auch das Risiko schnell ändert. In ländlichen Gebieten ändern sich die raumbezogenen Risiken hingegen weniger schnell, deswegen verwendet man dort Zellen von bis zu 10 km^2 Größe. Mit diesen Anpassungen in der Kalibrierung optimiert der Anwender die Aussagekraft sowie die Berechnungszeiten der Analysen.

Als Praxisbeispiel für die Risikoanalyse bei Versicherungen mittels GIS ist nachfolgend die Entwicklung und Anwendung des „WebGIS Tool CatNet" der Swiss Re dargestellt. Swiss Re, eine der führenden globalen Rückversicherungsgesellschaften, bietet einen Versicherungsschutz für andere Versicherungen an. Vor allem bei den Segmenten „Property and Casulty" sowie „Life and Health" stellen sie innovative Lösungen bereit. Bei versicherungsbasierten Kapitalmarktlösungen vereint Swiss Re ihre Finanzkraft mit Know-how und wird damit den Bedürfnissen ihrer Kunden gerecht. Die jedoch prägende Eigenschaft liegt in dem versicherungsspezifischen GIS-Einsatz, durch den Swiss Re eine Vorreiterrolle für die nachfolgende „Best-Practice" zukommt (Swiss Re 2012; ESRI Schweiz AG 2011).

Problemstellung:

Swiss Re steht vor der Herausforderung die Risikoabschätzung für weltweite Naturgefahren wie Überflutungen, Stürme, Erdbeben, Tsunamis und Hagel zu erleichtern und zu verbessern. Um die Preisbildung zu vereinfachen, muss Swiss Re das zu versichernde Objekt richtig beurteilen und identifizieren, wobei die räumliche Komponente bei Naturgefahren ausschlaggebend ist.

Das Ziel der Swiss Re ist es, eine Anwendung zu entwickeln, die es allen Mitarbeitern und Kunden möglich macht, eine schnelle Risikoabschätzung für Orte durchzuführen, deren Daten bisher nicht detailliert vorliegen. Außerdem sollte die Anwendung mit Hilfe des Internets sowie im Intranet verfügbar sein, damit eine weltweite Nutzung gewährleistet ist. Ein weiterer Gesichtspunkt bei der Entwicklung ist die leichte Bedienbarkeit. Mitarbeiter, die bisher nicht mit GIS-Lösungen in Kontakt kamen, sollen in der Lage sein, die Anwendung intuitiv zu bedienen ohne aufwendige Schulungen durchlaufen zu müssen (ESRI Schweiz AG 2011).

Problemlösung:

Mit Hilfe der entwickelten Anwendung „WebGIS Tool CatNet" können Mitarbeiter und Kunden von Swiss Re ein detailliertes Bild der Lage und Exposition von Einzelrisiken bekommen, sowie einen Überblick über das Portfolio von mehreren tausend versicherten Objekten erlangen. Die Anwendung kombiniert hierfür große Datenmengen verschiedener Anbieter, um eine qualitativ hochwertige Datengrundlage zu liefern. Es entsteht ein aussagekräftiges Kartenbild, das der Anwender durch Import- und Suchfunktionen erzeugt, um es anschließend zu analysieren, zu editieren, mit anderen Daten zu kombinieren und als Print-out, Tabelle oder GIS Format zu exportieren. Für den Anwender ist das importieren von Daten durch verschiedene Dateiformate möglich. Er kann sowohl Text-, Excel- sowie kml/kmz-Files verwenden.

Kml/kmz-Files sind Datenformate, um Informationen zu bestimmten Koordinaten in Google-Earth oder Google Maps einzubinden bzw. von diesen Programmen zu exportieren. Genauer betrachtet, kann der Anwender bedarfsorientiert Hintergrundinformationen im Kartenfenster anpassen. Es stehen u. a. Naturgefahreninformationen, administrative Daten, Bevölkerungszahlen, Versicherungsstatistiken, Industriestandorte, Satellitenbilder, Terrain und Google Street View zur Verfügung.

Als Software wurde der ArcGIS Server, ESRI Javascript API für Google Maps und ArcSDE verwendet, die durch ihre gute Performanz, flexible Weiterentwicklung und einfache Programmierung überzeugen.

Durch die Kombination von ESRI und Google kann der Anwender eigene Risiko- bzw. Standortdaten mit Naturgefahreninformationen und/oder Google Informationen vereinen. Da die Bedienung der Kartenfunktionen sehr intuitiv ist, kann der Anwender einen schnellen Überblick über die Risikosituation erlangen und somit vereinfacht die Preisbildung durchführen. Dies soll folgendes Szenario verdeutlichen (Swiss Reinsurance Company 2008, S. 14):

Ein Anwender möchte den voraussichtlichen Schaden durch einen Hurricane an Hotels in Cancun (Mexico) schätzen. Es wird erwartet, dass der Hurricane in den nächsten Tagen auf die Küste trifft und die dortigen Hotels beschädigt. Um den Schaden abschätzen zu können, sucht der Anwender als erstes die Stadt Cancun in Mexico und „zoomt" die Karte heran. Danach importiert er den erwarteten Verlauf des Hurricanes als kml-File. Es ergibt sich folgendes Bild:

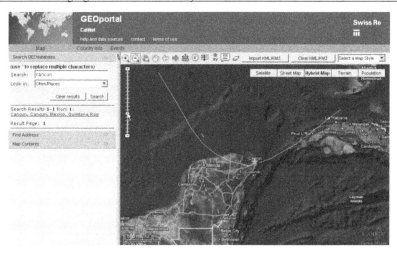

Abbildung 5.1.3-1 *Erwarteter Verlauf des Hurricanes über Cancun (Swiss Reinsurance Company 2008, S. 14)*

Die gelbe Linie beschreibt den vorausgesagten Verlauf des Hurricanes, der über die Stadt Cancun herzieht. Nachdem der Verlauf klar ist, importiert der Anwender alle Daten, ebenso als kml-files, zu Hotels, die in Cancun liegen und fügt das Risiko für eine Küstenüberschwemmung hinzu.

Abbildung 5.1.3-2 *Hurricaneverlauf, Hotels und Küstenüberschwemmungsrisiko Cancun (Swiss Reinsurance Company 2008, S. 14)*

Je dunkler die rote Färbung, desto höher ist das Risiko einer Küstenüberschwemmung. Die roten Punkte stellen die Hotels in dieser Gefahrenzone dar. Zum Abschluss misst der Anwender die Distanz zwischen Hotel und Küste. Außerdem kann er sich durch das „KML Info Tool" weitere Informationen über das ausgewählte Hotel wie Baujahr und Bettenanzahl anzeigen lassen. So entsteht ein detaillierter Überblick zu allen Hotels, die in dieser Zone liegen. Als Ergebnis der Analyse entsteht folgende Tabellenansicht:

Hotels Cancun, Mexico

Hotel	Beds	Year Build	Distance to Coast(km)	Total Sum Insured (Mill $)	Within Hurricane Path	Coastal Flooding Risk
Oasis Cancun	430	1995	0.12	200	Yes	High
Dream Hotel Cancun	1020	2001	1.62	1430	No	High
Carribean Hotel Cancun	620	2004	0.83	708	Yes	Low
Cancun Central Hotel	150	1982	0.48	316	Yes	Medium
Beach Hotel Cancun	1560	1997	0.06	823	Yes	Low
Tropical Paradise	240	1993	0.4	961	No	Low
Blue Bay Hotel	410	1992	0.82	210	No	High
Mexican Dream	300	1988	0.58	245	Yes	High

Abbildung 5.1.3-3 *Ergebnisstabelle der Risikoanalyse (Swiss Reinsurance Company 2008, S. 14)*

Der Anwender erhält Daten über die Distanz zur Küste und zur potentiellen Schadenssumme. Er kann der Tabelle außerdem entnehmen, ob das Hotel in dem Hurricaneverlauf liegt und wie hoch das Risiko für eine Überschwemmung ist.

Dieses Szenario zeigt die Grundfunktionen des „WebGIS Tool CatNet", die Swiss Re auf beliebige Fragestellungen überträgt. Heute nutzen täglich hunderte Kunden und Swiss Re Mitarbeiter diese Anwendung.

5.2 Potentiale und Nutzen

„Best-Practices" und die dazugehörigen Praxisbeispiele tragen dazu bei, Nutzenpotentiale des GIS-Einsatzes zu erkennen, die in der nachfolgenden Matrix, Tabelle 5.2 – 1, dargestellt sind.

Die Nutzenintensität unterteilt sich in drei Abstufungen: Keine Färbung bedeutet, dass der Nutzen bei dem jeweiligen Anwendungsbereich nicht oder vernachlässigbar vorliegt. Die dunkelste Färbung sagt aus, dass der Nutzen voll anzutreffen ist; zeigt sich die Nutzenausprägung hingegen teilweise, ist das Feld in hellgrau dargestellt.

Tabelle 5.2 – 1 stellt die direkten Nutzenpotentiale dar, die sich aus den obigen Anwendungsbeispielen ergeben. In anderen Einsatzgebieten ergeben sich zusätzliche Nutzen, die jedoch einer weiteren Untersuchung bedürfen. Die wichtigsten Aussagen und Besonderheiten dieser Übersicht sind nachfolgend erläutert.

Nr.	Ausprägung	Bemerkung	Marketingplanung	Standortplanung	Risikomanagement bei Versicherungen
1	Kostensenkung		■	■	■
2	Gewinnsteigerung	Aufgrund Nr. 1	■	■	■
3	Umsatzsteigerung		■	■	
4	Zeiteinsparung	im Entscheidungsprozess		■	■
5	Imageverbesserung	Direkten Einfluss auf das Image	■	■	
6	Streuverluste minimieren			■	
7	Technologie vor Ort nutzen	Direkt beim Kunden			■
8	Neukundengewinnung		■	■	
9	Wettbewerbsvorteil	Verhält sich simultan zu Nr. 11	■	■	■
10	Langfristiges Monitoring	Leichtere Überwachung, Controlling	■	■	■
11	Entscheidungsgrundlage verbessert	Durch zusätzliche Information	■	■	■
12	Komplexitätsreduktion	Bei der Entscheidungsfindung	■	■	■

Tabelle 5.2-1 Nutzenmatrix von GIS für Unternehmen

Der GIS-Einsatz senkt die Kosten und erhöht damit den Gewinn. Dies lässt sich am Anwendungsbereich „Marketingplanung" nachvollziehen. Laut Szabo (2006, S. 73) verwenden Einzelhandelsunternehmen durchschnittlich 1,7 % ihres Bruttoumsatzes bzw. 5,2 % der Gesamtkosten für Werbung. Trotz dieser hohen Investitionen, betreiben viele dieser Unternehmen eine Werbestrategie nach dem „Gießkannen-Prinzip", bei der das Unternehmen die potentiellen Kunden unpersönlich und undifferenziert anspricht. Es entstehen sogenannte „sunk costs", da Kunden Werbung erhalten, obwohl sie nicht zur Zielgruppe gehören. Wenn sich die Marketingplanung jedoch nach der Aussage einer GIS-Analyse richtet, fallen keine „sunk costs" an, da zuvor eine ausführliche Zielgruppenanalyse stattfand.

Nutzenausprägung Nr. 4 „Zeiteinsparung" und Nr. 7 „Technologie vor Ort nutzen" treffen überwiegend beim Risikomanagement von Versicherungen zu. Der Versicherer kann durch das GIS die Situation beim Eintreten eines Schadensfalls sehr viel schneller bewerten, da das GIS alle benötigten Daten bereitstellt. Außerdem nutzt er das GIS vor Ort, also beim Kunden, wenn das System internetbasiert ist. Die Entscheidung über mögliche Versicherungssummen fällt noch vor Ort. Die Nutzenausprägung „Neukundengewinnung" trifft hingegen beim Risikomanagement von Versicherungen nicht zu, da der GIS-Einsatz nicht für das Ziel gedacht ist, neue Kunden zu akquirieren, sondern vorhandene Kunden durch die Ermittlung der exakten Schadenssumme zufrieden zu stellen.

Diejenigen Nutzenausprägungen, die in allen drei Fällen voll zutreffen, sind im unteren Teil der Tabelle eingetragen. Durch den GIS-Einsatz kann der Entscheidungsträger zusätzliche Daten, in Form von Geodaten, als Informationsquelle in die Entscheidungsfindung mit einbeziehen. Somit verbessert sich die Datenbasis der Entscheidungsgrundlage. Da der Anwender das Problem durch die verbesserte Entscheidungsfindung fundierter und aussagekräftiger löst, ergeben sich Wettbewerbsvorteile gegenüber der Konkurrenz, die kein GIS einsetzt. Zwischen den Nutzen „Entscheidungsgrundlage verbessert" und „Wettbewerbsvorteil" lässt sich somit ein unmittelbarer positiver Zusammenhang erkennen.

Obwohl die räumliche Dimension in die Entscheidung mit einfließt, erhöht sich die Komplexität nicht. Dies ist dadurch zu erklären, dass diese „Mehr-Information" dem Entscheider hilft, die Lösung schneller zu erkennen. Durch die entstandenen Karten und deren farbliche Gestaltung und Legenden erkennt man „auf einen Blick", wo sich die Lösung befindet, ohne mühsam alle Informationen einzeln zu betrachten. Die Komplexität verringert sich durch den GIS-Einsatz.

Die eingesetzten GIS lassen sich nach der Entscheidungsfindung bzw. der Problemlösung auch weiterhin im Unternehmen einsetzen. Sie eignen sich für ein langfristiges Monitoring der Entscheidung. Dies lässt sich z. B. an der Standortplanung leicht nachvollziehen. Dort dient das GIS dazu, den Standort auf Profitabilität zu überwachen. Dazu ordnet das GIS Daten wie „Umsatz", „Deckungsbeitrag" und „gekaufte Produkte", den jeweiligen Kunden und deren Wohnorte zu und zeigt mittels Analysen an, wo sich die umsatzstärksten Kunden befinden. Auf Grund dieser Analysen kann das Unternehmen ihre Kunden gezielt ansprechen, da es ihre Vorlieben und Einkaufsverhalten gut kennt. Für den Fall ein Unternehmen kennt den Wohnort ihrer Kunden nicht, kann es den Kunden an der Kasse nach seiner PLZ fragen. Diese Praxis ist mittlerweile weit verbreitet, überwiegend bei großen Handels- und Filialketten anzutreffen. Die Unternehmen bekommen so ein genaues Bild des Einzugsgebiets ihrer Standorte, die sie direkt über das GIS auswerten.

6 Übertragung der Nutzenpotentiale von Geografischen Informationssystemen auf NGOs

Das vorherige Kapitel hat Nutzenpotentiale des GIS-Einsatzes aufgezeigt, die durch eine Analyse der „Best-Practices" und Anwendungsbeispiele entstanden. Vorerst lag das Hauptaugenmerk auf dem GIS-Einsatz in Unternehmen. In diesem Kapitel erfolgt nun die Übertragung der Nutzenpotentiale auf NGOs durch Fallbeispiele und abschließend eine Ableitung der Nutzenmatrix.

6.1 Einsatzgebiete Geografischer Informationssysteme in NGOs

NGOs setzen schon erfolgreich GIS ein, um sich in Umwelt- und gesellschaftlichen Belangen zu engagieren. GIS ermöglichen es Organisationen jeder Größe einen Vorteil von Geodaten zu erlangen. In folgenden Gebieten werden GIS bereits eingesetzt (ESRI 2012b):

- Naturschutz: GIS unterstützen NGOs bei Datenerhebungen, wissenschaftlicher Modellierung, der Planung von Naturschutzgebieten und bei der Erstellung von Karten, die dazu dienen, die Natur zu schützen und zu überwachen.
- Nachhaltige Entwicklung: GIS helfen diversen Entscheidungsträgern das Wachstum und Veränderung durch visualisierende Instrumente zu kontrollieren.
- Katastrophenbewältigung: NGOs nutzen GIS um Erdbeben, Überschwemmungen, Wirbelstürme, Lauffeuer und andere Naturkatastrophen zu bewältigen.
- Soziale Bereiche: Bei humanitären, gesundheitlichen, friedenserhaltenden und anderen sozialen Programmen helfen GIS NGOs begrenzte Ressourcen wirksam einzusetzen und positive Wirkungen auf Einzelpersonen, Familien und die Gesellschaft zu übertragen.

Da NGOs nicht gewinnorientiert arbeiten und oft mit ihren Geldern streng haushalten müssen, greifen sie häufig auf kostenlose oder gesponserte Software zurück. Ein gutes Beispiel, NGOs in ihrer Arbeit zu unterstützen, ist dabei der Softwareanbieter ESRI, der ein „Nonprofit Organization Program" entwickelte. In diesem Programm bekommen geeignete Organisationen kostenlose Zugriffe auf verschiedene ArcGIS-Systeme. Das Programm unterstützt vor allem Naturschutzorganisationen und humanitäre Nonprofit Organisationen (ESRI 2012c).

6.2 Fallbeispiele

Analog zu den Anwendungsbereichen von GIS in Unternehmen in den Kapiteln 5.1.1 – 5.1.3 erfolgt nun die Übertragung auf selbst entwickelte Fallbeispiele in NGOs. Es handelt sich dabei um mögliche Szenarien, die aufzeigen, welche Vorteile GIS für NGOs generieren. Deshalb wird zu Beginn jeden Fallbeispiels die NGO und deren Einsatzgebiete beschrieben um einen Einblick in ihre Arbeit zu bekommen. Daran schließen sich Problemstellung und – Lösung des Fallbeispiels an.

Die Fragestellungen sind an die bereits beschriebenen „Best-Practices" und deren Beispiele angelehnt:

- Marketingplanung: Dieser Anwendungsbereich des Geomarketings eignet sich für die Kampagnenplanung von „Greenpeace".
- Standortplanung: Das Vorgehen bei der Filialnetzsuche von E-Plus hilft Unicef bei ihrem Programm „Schulen für Afrika", Standorte für neue Schulen zu lokalisieren und Ressourcen zu überwachen.
- Risikomanagement bei Versicherungen: Die NGO „Ärzte ohne Grenzen" nutzt das Vorgehen der Sturmmodellierung um sich bei Naturkatastrophen besser engagieren zu können.

6.2.1 Kampagnenplanung: Greenpeace „GreenAction"

Greenpeace ist eine internationale Umweltorganisation, die sich mit Aktionen und Kampagnen in den Themen Atomkraft, Chemie, Energie, Frieden, Gentechnik, Klima, Landwirtschaft, Meere, Öl, Patente, Umwelt & Wirtschaft, Verkehr und Wälder einsetzt. Heute ist Greenpeace in über 40 Ländern aktiv, steht für Gewaltfreiheit, absolute Unabhängigkeit von Wirtschaft und Politik und ihr Markenzeichen sind die direkten, oft spektakulären Aktionen (Greenpeace 2012a).

Greenpeace (hier: Deutschland) rief 2007 die „Online-Community" GreenAction ins Leben, die es Einzelpersonen, Initiativen, Organisationen und Greenpeace-Aktivisten aus Deutschland, Österreich und der Schweiz erleichtern soll, sich in Gruppen zu organisieren und sich für einzelne Kampagnen einzusetzen. Auf dieser Onlineplattform kann jeder eine „Action" erstellen und andere zum Mitmachen auffordern (Greenpeace 2012b).

Problemstellung:

GreenAction lebt von der Bereitschaft der Menschen sich für den Umweltschutz einzusetzen. Doch dieses Umweltbewusstsein, die Bereitschaft auf die Umwelt zu achten und das Bewusstsein der Menschen mit Ressourcen umweltfreundlich umzugehen findet Greenpeace in Deutschland nur gering.

Das Institut für Medien und Konsumforschung (IMUK) veröffentlichte 2012 eine Studie, die diese Tendenz bekräftigt (IMUK 2012): 76 % der Deutschen ist das Thema „Umwelt" entweder gleichgültig oder unwichtig. Nur 29 % der Befragten achten auf einen umweltverträglichen Umgang mit natürlichen Ressourcen wie Wasser, Energie und Nahrungsmittel. Darüber hinaus gaben 13 % an, dass die Umweltproblematik in ihrer Bedeutung aufgebauscht wird. Diese Zahlen verdeutlichen, wie schwierig es für Greenpeace ist, Menschen für Naturschutzthemen zu begeistern und zu überzeugen, dass ein aktives Mitwirken unumgänglich ist.

Für GreenAction ist es überlebensnotwendig, die restlichen 24 % der Deutschen anzusprechen, die ein Interesse für Umweltthemen zeigen. Dies gelingt nur, wenn GreenAction die Menschen auf sich durch Werbung aufmerksam macht. GIS verbessert dazu die Werbestrategie, indem es die Zielgruppe lokalisiert.

Momentan bewerben Aktivisten ihre Kampagnen nur über die Homepage der Community, Verlinkungen auf anderen Seiten der Benutzer, Blogs sowie über „Soziale Netzwerke" wie

Facebook und Twitter. Dort können sie die Kampagne auf Facebook „teilen" und sie somit bekannter machen. Eine andere Möglichkeit auf GreenAction aufmerksam zu machen, stellt die Werbung über Außenwerbung wie Plakate und Poster dar. Greenpeace erhöht den Bekanntheitsgrad der Community, wenn sie die Plakate gezielt platzieren.

Bei der Vermarktung von GreenAction durch Außenwerbung gibt es zwei Optionen:

Bei der ersten Option bewirbt Greenpeace GreenAction als Community an sich. Das macht GreenAction bekannter, sodass sich mehr Personen für die Kampagnen interessieren. Greenpeace ist in der Lage ihren „guten Ruf" und das Vertrauen der Menschen Greenpeace gegenüber zu nutzen und diese Eigenschaften auch auf GreenAction zu übertragen. Der Bekanntheitsgrad von GreenAction gegenüber Greenpeace ist momentan gering, den gilt es zu erhöhen. Die Bevölkerung besitzt gegenüber der NGO eine große Glaubwürdigkeit, welche Greenpeace durch gezielte Werbemaßnahmen auf GreenAction übertragen kann. Das größte Kapital einer NGO ist die Glaubwürdigkeit, die dazu dient, Menschen auf die Probleme aufmerksam zu machen und zu motivieren sich selbst zu engagieren. (Greenpeace 2012c).

Die zweite Möglichkeit der Außenwerbung stellt das Marketing einzelner GreenAction Kampagnen dar. Dafür bewirbt Greenpeace nicht GreenAction als Community sondern jede Kampagne separat oder ein spezifisches Themengebiet. Diese Option führt dazu, dass die Ziele der jeweiligen Kampagne im Vordergrund stehen. Damit erkennt die Bevölkerung die Problemstellung mit der sich die Kampagne beschäftigt.

Die Herausforderung stellt somit die Kombination der beiden Optionen dar, die zu optimieren gilt. Darüber hinaus muss man fragen, wo und in welcher Form Plakate zu platzieren sind, unter der Bedingung, die Zielgruppe möglichst genau treffen zu können.

Problemlösung:

Die Problemlösung gestaltet sich für die beiden Optionen unterschiedlich, daher empfiehlt sich eine separate Betrachtung. Der GIS-Einsatz setzt sich aus einer Kombination der Analysetechniken eines GIS, des „Best-Practices" sowie dem Anwendungsbeispiel zusammen.

Für die erste Option gestaltet Greenpeace zunächst ein Plakat, das die Bevölkerung auf die Community aufmerksam macht. Ein Beispiel zeigt Abbildung 6.2.1–1, welches mit kurzen Sätzen GreenAction beschreibt, den Leser auffordert sich zu engagieren und durch die gekreuzten Finger das Friedenszeichen in passender Farbe symbolisiert. Greenpeace platziert auf ihren Plakaten meist einen QR-Code (Quick Response Code), den der Betrachter mit der Kamera eines Smartphones abscannt. In diesem Fall öffnet das Smartphone automatisch die jeweilige Internetseite von GreenAction oder in der zweiten Option die Internetseite der jeweiligen Kampagne. Die Gestaltung der Plakate ist hier weniger von Interesse, da der Fokus auf der genauen Platzierung liegt.

Abbildung 6.2.1-1 *Plakat GreenAction (Greenpeace 2012d)*

Als nächstes definiert Greenpeace die Zielgruppe, die sie mit diesem Plakat ansprechen möchte. Dabei handelt es sich um Personen, die sich für Umweltfragen jeglicher Art interessieren. Das Alter spielt dabei keine große Rolle, jedoch besitzt Greenpeace spezielle Gruppen für Kinder sowie Jugendliche, womit die Altersspanne zwischen 6 und 18 Jahren für GreenAction eine kleine Rolle spielt. Im Vordergrund stehen also erwachsene Personen mit Interesse an Umweltproblemen.

Nachdem die Zielgruppe definiert ist, kommt das GIS zum Einsatz. Für Greenpeace empfiehlt sich, auf die in Kapitel 6.1 erwähnte Software von ESRI zurückzugreifen, da diese eine große Datensammlung und Analysefunktionen enthält sowie kostenlos zur Verfügung steht. Es muss sichergestellt sein, dass alle nötigen Daten im GIS vorhanden sind. Dies gelingt durch den Import von Geodaten und der Integration von Marktforschungsergebnissen wie auch schon im Anwendungsbeispiel 5.1.1 durch die „Typologie der Wünsche" erläutert.

Nach dem Prinzip „Gleich und Gleich gesellt sich gern" analysiert Greenpeace die Daten um Ballungsräume zu identifizieren, in dem sich die Zielgruppe aufhält. So ist in diesem Fall interessant, wo sich Szene-Viertel befinden, die sich verstärkt an Umweltthemen orientieren. Dafür sind z. B. Bioläden, Naturheilkundepraxen, akademische Institute mit naturwissenschaftlichem Hintergrund und „FairTrade"-Geschäfte Indikatoren. Im Anwendungsbeispiel folgt nun die Kundenanalyse. Bei Greenpeace entsprechen die Kunden ihren aktiven Mitgliedern und sonstigen Befürworter wie Spender, Investoren und Kooperationspartner. Greenpeace pflegt alle Daten, vor allem den Wohnort, der Mitglieder in das GIS ein und kann diese auf der Karte anzeigen lassen. So erhält Greenpeace einen besseren Überblick, wo sich ihre Mitglieder befinden und erlangt dementsprechend die Kenntnis, ob sich ihre Mitglieder an bestimmten Orten wie in Großstädten, in ländlichen Gebieten oder gleichmäßig über Deutschland, Österreich und der Schweiz verteilen. So entsteht eine Makrosicht, die Greenpeace anschließend auch in der zweiten Option wiederverwendet. Um diese Sicht zu ergänzen, sind zusätzlich Pufferabfragen nötig. Mögliche konkrete Analyseeinstellungen sind:

- Linienpuffer entlang Flüssen oder Bächen in Städten mit einem Abstand von 200 Meter auf beiden Seiten geben den Bereich an, indem Menschen nah an der Natur leben. Dabei wird unterstellt, dass Personen die an Flüssen oder Bächen leben ein höheres Bewusstsein für die Umwelt besitzen.

- Flächenpuffer um Naturschutzgebiete, Stadtgärten und -Wälder, Stau-, Natur- und Badeseen mit einem Abstand von 2 – 5 km zeigt die Fläche, an der sich Menschen vermehrt in der Natur aufhalten.

Danach greift Greenpeace auf die Overlaytechnik zurück, um die verschiedenen Analysen zu überlagern. Außerdem besteht hier die Möglichkeit die Abfragen mit verschiedenen Verknüpfungen zu verbinden. Ein Layer bildet dabei jeweils eine Datenbankabfrage oder eine Pufferzone ab. Die angewandten Verknüpfungsarten wie „UND", „ODER" stammen aus der Mengenlehre und geben die Beziehung zwischen den Abfragen wieder. So entsteht eine Karte, die Deutschland, Österreich und die Schweiz zeigt. Das GIS hebt diejenigen Flächen als Resultat hervor, die am Ende der Abfragen und deren Verknüpfungen noch zur Auswahl stehen.

Es steht Greenpeace offen, ob sie zu Beginn der Analysen alle möglichen Platzierungen der Plakate in das GIS eingibt, oder ob sie am Ende das Ergebnis der optimalen Standorte auf die Verfügbarkeit überprüfen. Da es für Plakate und Poster jedoch erdenklich viele Platzierungen wie Straßenplakate, Säulen, öffentliche Plätze, Plakatwände in U- und S-Bahnen gibt, sei Greenpeace geraten, diese Entscheidung an den Schluss zu setzen.

Für die Realisierung der zweiten Option muss sich Greenpeace als erstes auf bestimmte Kampagnen festlegen, da die Gestaltung der Plakate für ca. 500 Kampagnen (Stand: 21.06.2012) zu teuer und zu aufwendig sind.

Die Kampagnen sind einer oder mehreren Kategorien wie u. a. Atomkraft, Chemie, Energie, Gentechnik, Tierschutz und Umwelt zugeordnet. Diese Einteilung spezifiziert somit die Zielgruppe. Zuvor galt es, alle Personen anzusprechen, die sich allgemein für Umweltthemen interessieren, nun legt die Kategorie das jeweilige Umweltthema fest und damit spezifiziert sich auch die Zielgruppe auf das jeweilige Thema. Die Kampagnen legen sich sogar auf ein bestimmtes Umfeld fest, sodass die Platzierung im Vorhinein eingrenzt. Das Umfeld stellt z. B. eine Stadt, Umgebung oder Ort dar, welcher sich auf nationaler oder internationaler Ebene befinden kann.

Abbildung 6.2.1–2 zeigt eine Kampagne die sich auf ein nationales Thema bezieht, die zum Ziel hat, den Pfälzer Wald zum Nationalpark zu erklären. Jede Kampagne fordert den Leser auf, sich in einer konkreten Art für die Kampagne zu engagieren. In diesem Fall, gibt es eine digitale Unterschriftenliste, auf der man sich eintragen kann.

Abbildung 6.2.1-2 *Regionale GreenAction Kampagne (Greenpeace 2012e)*

Ein internationales Thema spricht die Kampagne in Abbildung 6.2.1–3 an, die Shell und an-
dere Ölkonzerne daran hindert, die Arktis weiter auszubeuten. Diese Kampagne fordert den
Leser auf, sich an einem Comic-Wettbewerb zu beteiligen. Andere Kampagnen animieren den
Aktivisten wiederum sich an einer Demonstration zu beteiligen oder sich im Alltag durch
Strom-, Wasser-, Öl- und Gaseinsparungen selbst aktiv am Umweltschutz zu beteiligen.

Abbildung 6.2.1-3 *Internationale GreenAction Kampagne (Greenpeace 2012f)*

Durch die Einteilung in Kategorien, die unterschiedliche Art den Leser zu motivieren und den
nationalen oder internationalen Kontext ergibt sich für jede Kampagne ihre eigene individuelle Zielgruppe und damit auch entsprechende Analysemöglichkeiten im GIS. Um dies zu verdeutlichen, folgen mögliche Analyseeinstellungen beim GIS-Einsatz zu den beiden abgebilde-
ten Kampagnen, alle anderen Schritte entsprechen der ersten Option.

Die Zielgruppe der nationalen Kampagne sind hauptsächlich Menschen, die in der Region um
den Pfälzer Wald leben. Die internationale Kampagne fordert dazu auf, sich bei einem Comic-
Wettbewerb zu beteiligen. Dementsprechend sind hier kunstinteressierte oder begabte Perso-
nen gefragt. Das nötige Umweltinteresse ist bei beiden Zielgruppen unumgänglich. Bei den
Abfragen stellt sich somit die Frage, wo sich die umweltbewussten Menschen in der Nähe des
Pfälzer Waldes befinden. Kunstinteressierte Menschen halten sich u. a an Kunstmuseen oder
Kunst- und Architekturhochschulen auf. Layer stellen abermals die verschiedenen Abfragen
und Analysen dar und zeigen im Gegensatz zur ersten Option als Resultat eine Mikrosicht.

6.2.2 Standortplanung: Unicef „Schulen für Afrika"

Unicef ist das größte Kinderhilfswerk der Vereinten Nationen (United Nations Children's Fund), das sich in über 190 Staaten für Kinder und Mütter in den Bereichen Gesundheit, Hygiene (HIV und AIDS Aufklärung), Ernährung, Gleichberechtigung von Mädchen und Jungen und Bildung einsetzt. Außerdem gibt die NGO humanitäre Hilfe in Notsituationen und setzt sich gegen den Einsatz von Kindersoldaten und den Schutz von Flüchtlingen ein. Sie glauben daran, dass die Beste Hilfe die Selbsthilfe ist (Unicef 2012a).

In diesem Sinne handeln sie auch in Sachen Bildung. Nur durch die Fähigkeit des Lesens, Schreibens und Rechnens hat ein afrikanischer Einwohner die Perspektive ein selbstbestimmtes Leben zu führen. Die Bildung hilft den Menschen, sich in vielerlei Hinsicht freier bewegen zu können. Mit der Aktion „Schulen für Afrika" verfolgt Unicef das Ziel, vielen Kindern den Besuch einer Schule möglich zu machen, da die Bildung die Voraussetzung für ein besseres Leben ist. Durch bessere Berufsaussichten, die Fähigkeit sich eine Meinung zu bilden und eigene Entscheidungen zu treffen sowie zu wissen, wie man gesund bleibt und sich z. B. vor AIDS schützt, verbessert die Lebensqualität der Kinder (Unicef 2012b).

Problemstellung:

„Schulen für Afrika" (engl.:"Schools for Africa") ist eine Kooperation von Unicef mit der Nelson Mandela Stiftung sowie der Peter Krämer Stiftung. Sie möchten dazu beitragen, dass bis 2015 jedes Kind die Grundschule vollständig abschließen kann. Südlich der Sahara geht bis heute jedes dritte Kind nicht zur Schule, was bedeutet, dass Unicef 13 Millionen Kindern (in 11 Ländern) eine Grundbildung bieten möchte. Weltweit gehen 101 Millionen Kinder nicht in die Schule, wovon knapp die Hälfte in Afrika lebt (Unicef 2012b).

Es gibt viele Gründe dafür, dass Kinder in Afrika keine Schule besuchen. Oft sind die Eltern zu arm, die Schule ist zu weit entfernt, überfüllt oder schlecht ausgestattet. Hinzu kommt, dass die AIDS-Epidemie die Lage noch zusätzlich verschärft. Vor allem Mädchen gehen nicht zur Schule, da sie zuhause mitarbeiten müssen oder schon als Teenager heiraten. Ist die Mutter nicht in die Schule gegangen, verdoppelt sich das Risiko, dass auch ihre Kinder nie zur Schule gehen. Unicef bezeichnet die Investition in die Bildung von Mädchen als „hervorragend", da diese Frauen später heiraten, weniger Kinder bekommen, selbstbewusster sind und sich besser verteidigen können (Unicef 2012b; Unicef 2012c). „Schulen für Afrika" möchte also besonders Mädchen eine bessere Bildung ermöglichen.

Unicef ist in der Kooperation hauptverantwortlich für den Bau von Schulen, Klassenzimmer, die Versorgung mit Möbeln und Schulmaterial. Außerdem schult sie die Lehrer und sorgt dafür, dass auch Hygiene und Aids-Aufklärung im Stundenplan der Kinder auftreten (Unicef 2012b).

Unicef hat bereits in 11 Ländern (südlich der Sahara) Schulen gebaut. Doch ist dies nicht genug. Wo der beste Standort für neue Schulen ist, kann Unicef mit der Hilfe eines GIS analysieren, um möglichst vielen Kindern den Zugang zur Bildung zu erleichtern.

Problemlösung:

Analog zur Standortplanung mit GIS ist auch für Unicef der erste Schritt die Auswahl der relevanten Merkmale, nach denen das GIS später analysieren kann. In diesem Fall sind u. a. folgende Merkmale relevant: „Anzahl der Kinder, die nicht in die Schule gehen", „Aufenthaltsort der Kinder", „Möglichkeit für Brunnenbau", „Wohnort der Lehrer" und „Kooperationspartner". Mit den Kooperationspartnern kann Unicef vor Ort zusammenarbeiten, um die Arbeit zu teilen. Denkbar wäre hierbei staatliche medizinische Versorgungen durch Ärzte, die mehrmals jährlich die Schule besuchen und dort die Kinder versorgen, sie aufklären und präventive Arbeit leisten.

Als „Konkurrenz" für die neuen Schulen sind hier die bereits vorhandenen Schulen anzusehen. Hierfür kann Unicef die bereits gebauten Schulen in das GIS eingeben. Sowohl die erbauten Schulen von Unicef sowie die Standorte von staatlichen Schulen sind wichtig für eine klare Aussage. Hierbei empfiehlt es sich, die Schulen als Layer mit Hilfe der Überlagerungstechnik im GIS zu verwenden. Außerdem kann Unicef ihre Daten, im Sinne von „Unternehmensdaten", in das GIS eingeben. So ist es z. B. wichtig, dass die Anzahl der Schulkinder den jeweiligen Schulen zugeordnet sind, um die vorhandenen Kapazitäten zu verwalten.

Für die Analyse ist es wichtig, einen Kreispuffer um die bereits vorhandenen Schulen zu legen, damit keine Überschneidungen von zwei Schulen vorkommen. Damit ist ausgeschlossen, dass eine Überversorgung in einer Region stattfindet währenddessen in anderen Teilen Kinder überhaupt nicht zur Schule gehen können. Durch eine Kombination der Merkmale „Anzahl der Kinder, die nicht zur Schule gehen" und „Aufenthaltsort der Kinder" kann das GIS diejenigen Regionen hervorheben, wo Schulen besonders gefragt sind. Außerdem ergibt sich somit die benötige Größe und Anzahl der Klassenzimmer, Sanitäranlagen und Brunnen.

Damit möglichst viele Kinder die Schule erreichen können, spielt der Schulweg eine besondere Rolle. Dieser Schulweg ist im übertragenden Sinne dem „Einzugsgebiet eines Standortes" gleichzusetzen. Dieser gilt es aus Sicht des jeweiligen Kindes zu minimieren. Bei dieser Betrachtung darf auch das Merkmal „Wohnort der Lehrer" nicht fehlen, da eine leichte und schnelle Erreichbarkeit der Schule auch für die verantwortlichen Lehrer wichtig ist.

Zum Ergebnis der Analyse gelangt Unicef, indem das GIS den Kreispuffer um den Layer „vorhandene Schulen" legt, diesen Layer einblendet sowie die Merkmale „Anzahl der Kinder, die nicht zur Schule gehen", „Aufenthaltsort der Kinder" und „Wohnort der Lehrer" kombiniert. So entsteht eine räumliche Analyse, die diejenigen Regionen farblich markiert, die durch eine Unterversorgung an Schulen gekennzeichnet sind. Dort gilt es, neue Standorte für die Schulen aufzubauen.

Mit dem entwickelten GIS ist Unicef in der Lage, die künftige Entwicklung zu betrachten. Hierzu fehlen die zusätzlichen Merkmale „Geburtenrate" und „ Geburtsort", die noch einzubinden sind. Das GIS verwaltet die gesamte Situation der Kinder, indem es diese Merkmale in zukünftige Analysen mit berücksichtigt. Damit ist eine langfristige Entscheidung über die Standorte von neuen Schulen gesichert.

Als Systemgrundlage für das GIS kann Unicef auf das vorhandene Informationssystem „DevInfo" zurückgreifen. Dabei handelt es sich um ein Datenbanksystem, welches Unicef und der

Hilfe von der „United Nations Development Group" entwickelt. Die Daten befassen sich mit der Entwicklung der Menschheit und dienen der langfristigen Überwachung (DevInfo 2012).

6.2.3 Katastrophenmanagement: Ärzte ohne Grenzen

Ärzte ohne Grenzen, Träger des Friedensnobelpreises, leistet in rund 60 Ländern medizinische Nothilfe, in denen die Gesundheitsstrukturen zusammengebrochen sind oder Gruppen der Bevölkerung nicht genügend versorgt werden. Zu den Tätigkeiten zählen u. a. die Inbetriebnahme von Krankenhäusern, Impfprogramme, medizinische Versorgung von Flüchtlingen, Aufbau von Wasser-, Ernährungs-, und Gesundheitszentren sowie der Einsatz bei Naturkatastrophen (Ärzte ohne Grenzen 2012a).

Problemstellung:

Bei Naturkatastrophen kümmern sich Ärzte ohne Grenzen um chirurgische Eingriffe und deren Nachversorgung. Dabei muss die Entscheidung über die Anzahl an benötigten Medikamenten und medizinisches Material sehr schnell fallen, da bei Katastrophen keine Zeit verloren gehen darf. Die Menschen sind oft obdachlos, haben keine Nahrung und leiden unter Verletzungen. Umso wichtiger ist es, dass bei Naturkatastrophen wie Erdbeben oder Überschwemmungen, die Entscheidungen der Einsatzplanung schnell und präzise fallen. Durch den GIS-Einsatz gelingt es der Projektplanung, nicht nur eine zügige sondern auch auf zuverlässigen Datenanalysen eine Entscheidung zu fällen. Nachfolgend wird dieser Vorteil anhand eines Hurricaneszenarien beschrieben.

Problemlösung:

Der Einsatz von Ärzte ohne Grenzen gliedert sich in drei Teile: Projektstart, Projektphase und Projektende. In jedem Teil ist der Einsatz von GIS von Vorteil. Je nachdem in welcher Phase sich die Mitarbeiter befinden, stellen sie andere Anforderungen an das GIS. Aufgrund dieser unterschiedlichen Anforderungen und Anwendungen ist es sinnvoll, die Darstellung in diese 3 Projektphasen aufzugliedern (Ärzte ohne Grenzen 2012b).

Beim Projektstart entscheidet ein Team von Ärzte ohne Grenzen, ob sie das Projekt überhaupt durchführen. Um sich einen Eindruck von der Lage zu machen, reist ein kleines Team innerhalb von 24 – 48 Stunden in das Einsatzgebiet. Sie sammeln dort Informationen über die Bevölkerungsstruktur, die Bedürfnisse der Menschen, den Mitteln und den potentiellen Partnern vor Ort. Diese Daten können die Mitarbeiter direkt in das GIS eingeben. In dieser NGO ist es ratsam, das GIS so anzulegen, dass es global nutzbar ist, d. h. alle Mitarbeiter greifen auf die gleiche Datenbasis zu. Das hat den Vorteil, dass das Team in der Hauptzentrale mit der Auswertung der Daten direkt beginnen kann. Um über den Einsatz im Katastrophengebiet zu entscheiden, stellt sich das Team u. a. folgende Fragen: Wie hoch ist die Sterblichkeitsrate? Wie wird sich die Lage entwickeln? Welche Qualifikationen brauchen die Mitarbeiter? Es folgt eine Reihe weiterer Entscheidungskriterien, auf die hier jedoch nicht weiter eingegangen wird, da die Projektphase im Vordergrund steht und das GIS beim Projektstart lediglich für die Übertragung der Informationen zuständig ist, bei der vorerst keine analytischen Methoden zum Einsatz kommen (Ärzte ohne Grenzen 2012c).

Die Projektphase ist essentiell für die Hilfe bei Überschwemmungen aufgrund Hurricanes. Die Mitarbeiter erstellen als erstes eine Karte, die das Ausmaß der Katastrophe darstellt. Die Karte gibt Auskunft über die Lage der betroffenen Gebiete, wie viele Menschen dort in welchem Maße beschädigt, verletzt oder obdachlos sind. Um dies zu beurteilen, ist die Tiefe des Wasserstands nach der Überschwemmung von großer Bedeutung. Abbildung 6.2.3-1 zeigt diese Analyse grafisch anhand des Hurricanes Katrina in New Orleans. Befindet sich die Katastrophe in einem dicht besiedelten Stadtgebiet liefert das GIS eine genaue Auskunft über konkrete Straßenzüge und Bezirke, die besonders betroffen sind. Anhand der Bevölkerungszahlen berechnen Mitarbeiter die Anzahl der Haushalte und Personen, die Hilfe benötigen.

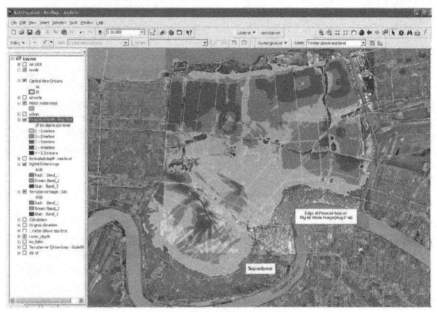

Abbildung 6.2.3-1 Hurricane Katrina in New Orleans (Heywood et al. 2011, S. 405)

Bei einer akuten Notsituation ist es überlebensnotwenig für die betroffenen Menschen, dass die Mitarbeiter von Ärzte ohne Grenzen Medikamente und Material so schnell wie möglich zum Einsatzgebiet transportieren. Bei der Logistik in der Projektphase stellen GIS eine sehr große Hilfe dar. Um schnell regieren zu können, hat Ärzte ohne Grenzen das Baukastensystem entwickelt, bei dem für spezifische Notsituationen sogenannte „Kits" bereitstehen. Es ist genau geregelt für wie viele Menschen ein bestimmtes Notfallkit mindestens ausreicht. Es ist dementsprechend notwendig, die genaue Anzahl der Betroffenen zu kennen. Diese Auskunft liefert ein GIS, das die Situation genau darstellt. Darüber hinaus übernimmt das GIS die Aufgabe, den Überblick über eingesetzte Kits nicht zu verlieren (Ärzte ohne Grenzen 2012d).

Durch den Aufbau von Notfallzentren, also ein großes Lager mit Unterkünften, Verpflegungsstationen und medizinischer Versorgung erreicht die NGO eine Großzahl an Menschen. Um den Zugang zum Zentrum möglichst vielen hilfsbedürftigen Menschen zu erleichtern, ist der Standort des Zentrums entscheidend. Auch hier ist der GIS-Einsatz ratsam. Idealerweise benutzt der GIS-Anwender die Pufferzonenmethode und legt damit einen Puffer um die betroffenen Gebiete. Danach selektiert er alle in Frage kommenden Gebäude, die noch intakt sind. So dienen in städtischen Gebieten Sporthallen, Stadien oder Lagerhallen für die Versorgung der Menschen. In ländlichen Gebieten installiert das Team eine Infrastruktur inklusive Wasser und Stromversorgung.

Bei der letzten Phase, dem Projektende, entscheidet das Ärzte ohne Grenzen Team darüber, ob sie nun von dem Projekt abziehen können. Dabei stellen sie sich dieselben Fragen wie zu Beginn des Projekts. Das Team beendet erst dann das Projekt, wenn möglichst alle Umstände so hergestellt sind, wie sie vor der Katastrophe waren.

6.3 Potentiale und Nutzen

Dieses Kapitel greift die Nutzenmatrix aus Kapitel 5.2 auf und überträgt sie analog auf die Anwendungsbereiche der NGOs. Viele der Nutzenausprägungen, die auf Unternehmen zutreffen, kommen nun nicht mehr in der Matrix vor. Diese sind z. B. „Gewinn- und Umsatzsteigerung", „Neukundengewinnung", „Wettbewerbsvorteil" sowie „Imageverbesserung". Da NGOs nicht gewinnorientiert arbeiten, deswegen auch keinen direkten Wettbewerber haben und auch keine Kunden gewinnen müssen, sind diese Nutzen nun nicht mehr aufgeführt.

Nutzen		Anwendungsbereich NGO	Greenpeace	Unicef	Ärzte ohne Grenzen
Nr.	Ausprägung	Bemerkung			
1	Kostensenkung				
2	Zeiteinsparung	im Entscheidungsprozess			
3	Technologie vor Ort nutzen				
4	Langfristiges Monitoring	Leichtere Überwachung Controlling			
5	Entscheidungsgrundlage verbessert	Durch zusätzliche Information			
6	Komplexitätsreduktion	Bei der Entscheidungsfindung			
7	Bekanntheitsgrad erhöhen				

Tabelle 6.3-1 Nutzenmatrix von GIS für NGOs

Die wichtigsten Aussagen der Tabelle 6.3 – 1 sind nachfolgend dargestellt:

Die ersten beiden Nutzenausprägungen „Kostensenkung" und „Zeiteinsparung" haben für Greenpeace keine Relevanz, da der Entwurf und die Suche nach geeigneten Platzierungen der Plakate länger bzw. zeitaufwendiger ist als die bereits genutzte Alternative: Die Werbung im Internet über soziale Netzwerke wie „Facebook" oder „Twitter". Die anderen beiden NGOs generieren durch den GIS-Einsatz jedoch sehr wohl ein Kosteneinsparungs- sowie Zeiteinsparungspotential. Vor allem beim Katastrophenmanagement ist dies nachzuvollziehen, da hier durch die Berechnung der exakten Menge an benötigten Hilfsmaterial und „Notfallkits" Kosten gespart werden. Außerdem ist es Ärzte ohne Grenzen möglich, durch die GIS-Analyse kurzfristiger zu reagieren als ohne dessen Hilfe, da die NGO die Auswertung der Daten und Informationen des betroffenen Landes schneller durchführen kann.

Das Potential, das GIS vor Ort nutzen zu können, schöpfen nur Ärzte ohne Grenzen aus, da es für sie eine elementare Bedeutung hat, den Menschen vor Ort zu helfen und die Analysen des GIS dafür zu nutzen. Das Team überwacht im Katastrophengebiet den aktuellen Stand der Naturkatastrophe und deren Auswirkungen.

Das langfristige Monitoring ist für die Überwachung der Schulen in Afrika gleichermaßen von Vorteil wie beim Katastrophenmanagement, da beide NGOs die Situation im Land über einen langen Zeitraum auch nach der ersten Hilfe überprüfen wollen. Daraus folgt, dass die NGOs das GIS auch nach der Entscheidung über den Standort bzw. dem Katastropheneinsatz hinaus verwenden.

Wie auch bei der Unternehmensperspektive treffen die Nutzenausprägungen „Entscheidungsgrundlage verbessert" und „Komplexitätsreduktion" aufgrund der räumlichen Dimension auf alle drei Bereiche zu.

Gegenüber der „Nutzenmatrix Unternehmen" kommt hier der Nutzen Nr. 7 „Bekanntheitsgrad erhöhen" hinzu, der jedoch nur auf Greenpeace und deren Kampagnenplanung zutrifft. Durch die gezielte Platzierung der Plakate, vor allem durch die erste Version, bei der Greenpeace auf „Green Action" aufmerksam machen will, kommt der NGO dieser Nutzen zugute. Da die beiden anderen NGOs das GIS hauptsächlich intern nutzen und keine neuen Mitglieder ansprechen möchten, trifft dieser Vorteil auf sie nicht zu.

7 Zusammenfassung, kritische Würdigung und Ausblick

Die vorliegende Arbeit ermittelt neue Einsatzmöglichkeiten von GIS in NGOs durch die Darstellung von „Best-Practices" von GIS in Unternehmen. Diese „Best-Practices" beschreiben drei ausgewählte Anwendungsbereiche: Marketingplanung, Standortplanung sowie das Risikomanagement bei Versicherungen. Dabei wird klar, dass die Anwendung eines GIS je nach Bereich in unterschiedlichen Schritten abläuft, jedoch ist es sehr wohl möglich diese Schritte klar zu definieren. Dies gelingt darüber hinaus unabhängig von der verwendeten Software, was dazu führt, dass diese „Best-Practices" Nutzen und Potentiale aufzeigen, die auch NGOs für ihre Zwecke nutzen können.

Zusammenfassend lässt sich sagen, dass die Nutzenpotentiale von GIS in Unternehmen ein großes Spektrum besitzen. Unternehmen können neue Zusammenhänge schnell erkennen, wenn sie eine zusätzliche Perspektive, in Form von Geodaten, in ihre Entscheidung mit einbeziehen. Dadurch verbessert sich die Entscheidungsgrundlage für das Unternehmen, da es durch die erstellten Karten, die räumliche Perspektive mit in die Entscheidung einbezieht. Das GIS verknüpft diese Geodaten mit Unternehmensdaten, analysiert sie anschließend durch eine Vielzahl an Analysearten wie die Overlay-, Nachbarschafts- und Pufferzonenmethode. Das Unternehmen hat dadurch die Möglichkeit, ihre Kosten zu senken, indem es die passende Zielgruppe anspricht, hat damit eine größere Aussicht auf Gewinnsteigerungen durch neue Kunden und zufriedene Bestandskunden. Zusätzlich ist die Analyse mittels GIS deutlich schneller als herkömmliche Methoden, da alle notwendigen Daten sowie Unternehmensdaten im GIS verfügbar sind und zusammenfassend aufbereitet werden.

Aus Unternehmensperspektive spielt vor allem die Wettbewerbssituation eine Rolle. Auch hier kann das Unternehmen einen Vorteil gegenüber der Konkurrenz generieren, indem es schneller zu einer Entscheidung kommt, die Kunden besser kennt (Einzugsgebiet und Kaufverhalten) sowie das GIS auch für ein langfristiges Monitoring nach der Entscheidungsfindung einsetzen kann.

Die Leitfrage der Arbeit lautete jedoch, wo der Nutzen eines GIS-Einsatzes für ausgewählte NGOs liegt und in welchen Situationen die NGO ein GIS einsetzen kann. Durch die „Best-Practices" und deren Anwendungsbeispiele sowie der Nutzenmatrix in Kapitel 5.2 machte es möglich, diese Leitfrage zu beantworten. Die Anwendungsszenarien für Greenpeace, Unicef und Ärzte ohne Grenzen verdeutlichen die Nutzenvorteile: Kostensenkungen, Zeiteinsparungen, die Möglichkeit, das GIS vor Ort zu nutzen, langfristiges Monitoring, eine verbesserte Entscheidungsgrundlage, Reduktion der Komplexität sowie die Erhöhung des Bekanntheitsgrades des NGOs. Diese Nutzenausprägungen tragen dazu bei, die wichtige Arbeit der NGOs zu unterstützen. Da sie nicht gewinnorientiert arbeiten, entfallen hier die Nutzen „Gewinnsteigerung" sowie „Wettbewerbsvorteil".

Auf der einen Seite stehen somit die erwähnten Potentiale, jedoch ist auch die andere Seite zu untersuchen, ob und in wieweit sich negative Effekte oder Nachteile eines GIS-Einsatzes ergeben. In diesem Zusammenhang ist es nötig, auch auf mögliche Einschränkungen und Kritiken der Ergebnisse einzugehen. Die Nutzenmatrizen aus Kapitel 5.2 und 6.3 beziehen sich auf die behandelten Anwendungsbereiche. Sie bilden also nicht den generellen Nutzenvorteil eines GIS-Einsatzes ab, sondern ergeben sich aus den Beispielen. Setzt ein Unternehmen das GIS z. B. für die Planung der Logistik und Transport, als Prozessmanagement-Tool oder im Bankenwesen ein, ergeben sich neue Potentiale, die untersucht werden könnten. Das gleiche gilt auch für die Einsatzpotentiale in NGOs. Die Arbeitsbereiche von NGOs sind weitreichend und verschieden, sodass nicht alle möglichen Einsatzbereiche in dieser Arbeit abgebildet werden können. Vielmehr ist es wichtig, für die dargestellten Szenarien der Ablauf des GIS-Einsatzes und die daraus entstanden Potentiale zu erkennen.

Eine weitere Einschränkung ergibt sich aus der Annahme, dass die benötigten Daten auch alle verfügbar sind. Unternehmen sind hiervon weniger betroffen, da es viele Datenanbieter gibt, die komplexe Datenbanken zu deren Fragestellungen anbieten. Dieses Problem ergibt sich evtl. für die NGOs, da deren Fragestellungen sehr speziell sind. Nachzuvollziehen kann man dies an dem Szenario von Unicef „Schulen für Afrika", da hier Merkmale wie „Aufenthaltsort der Kinder" und „Geburtenrate" auftauchen, die evtl. schwer zu erfassen sind. Das Datenbanksystem „DevInfo" kann hier eine Aushilfe sein. Es beinhaltet z. B. Datenbestände zu den Merkmalen „Anzahl der Kinder, die nicht zur Schule gehen" jedoch ist zu klären, inwieweit alle nötigen Daten im System bereits hinterlegt sind.

Was die Bereitstellung und Verfügbarkeit der erforderlichen Datenbestände betrifft, sollte überprüft werden, inwieweit NGOs in die bisherige Normierung- und Standardisierungsarbeiten eingebunden sind. In diesem Umfeld nimmt das Open Geospatial Consortium (OGC) und die Internationalen Standardisierungsorganisation (ISO) die wohl wichtigste Rolle ein. Aus Anwendersicht wäre die erforderliche Verknüpfung zwischen Geodaten und Unternehmensdaten von Interesse. Ausgehend vom aktuellen Stand könnte untersucht werden, welche Weiterentwicklungen für die GIS sinnvoll wären und welchen Nutzen für NGOs in der Praxis damit verbunden wären.

Zusätzlich ergeben sich aus der Technologieentwicklung neue Ansatzpunkte für zukünftige Arbeiten. Die Entwicklung der beschriebenen Trends in Kapitel 4.3 wie Mobile-GIS, Location Based Services und 3D-Modelle muss in der Zukunft evaluiert werden. Es ist möglich, dass sich einige dieser oder neue Technologien im GIS-Einsatz etablieren und in vielen Unternehmen zum Einsatz kommen. Ist dies der Fall, kann die Beschreibung von „Best-Practices" auch für neue Technologien und Trends erfolgen. Hieraus entstehen neue Einsatzpotentiale, die für Unternehmen und NGOs gleichermaßen interessant sind.

Literatur

Acxiom (2012a): Über uns. http://www.acxiom.de/about_us/pages/ueberuns.aspx, Abruf am: 12.07.2012.

Acxiom (2012b): Standortplanung und Standortbewertung. Fact Sheet. http://www.acxiom.de/siteCollectionDocuments/pdf/Fact%20Sheets/Fact_Sheet_Standortpla nung_und_Standortbewertung.pdf, Abruf am: 12.07.2012

Ärzte ohne Grenzen (2012a): Ärzte ohne Grenzen – Unsere Arbeit. http://www.aerzte-ohne-grenzen.de/kennenlernen/unsere-arbeit/index.html, Abruf am: 23.06.2012.

Ärzte ohne Grenzen (2012b): Ärzte ohne Grenzen – Projektablauf. http://www.aerzte-ohne-grenzen.de/kennenlernen/unsere-arbeit/projektablauf/index.html, Abruf am: 08.07.2012.

Ärzte ohne Grenzen (2012c): Ärzte ohne Grenzen – Projektstart. http://www.aerzte-ohne-grenzen.de/kennenlernen/unsere-arbeit/projektablauf/projektstart/index.html, Abruf am: 08.07.2012.

Ärzte ohne Grenzen (2012d): Ärzte ohne Grenzen – Logistik. http://www.aerzte-ohne-grenzen.de/kennenlernen/unsere-arbeit/logistik/index.html, Abruf am: 08.07.2012.

Bill, Ralf (2010): Grundlagen der Geo-Informationssysteme. 5. Aufl., Wichmann, Heidelberg, S. 8.

Bionade (2012): Botschaften 2008. http://www.bionade.com/bionade.php/10_de/22_werbung/09_2008/01_galerie?usid=4fa3a5f0 f38164fa3a5f100188, Abruf am 04.05.2012.

dds (2012a): PLZ-Grenzen – Effektive Standortplanung und Vertriebsmanagement. http://www.ddsgeo.de/produkte/plz-grenzen.html, Abruf am: 04.05.2012.

dds (2012b): PLZ8 Deutschland- Kleinräumige Gebietseinteilung für das Vertriebsmanagement. http://www.ddsgeo.de/produkte/plz8.html, Abruf am: 04.05.2012.

dds (2011c): Gut in Bio. Schlecht in Chemie. „Gold" für Geomarketing. http://www.ddsgeo.de/de/unternehmen/referenzenpopup.php?ref=Anwenderbericht24, Abruf am: 04.05.2012.

DevInfo (2012): About DevInfo – DevInfo. http://www.devinfo.org/di_about.html, Abruf am: 19.07.2012.

Ehlers, Manfred; Schiewe, Jochen (2012): Geoinformatik. Wissenschaftliche Buchgesell-schaft, Darmstadt.

E-Plus Gruppe (2012a): Unternehmen. http://eplus-gruppe.de/ueber-uns/unternehmen/, Abruf am: 06.05.2012.

ESRI (2012a): ArcGIS. http://www.esri.de/products/arcgis/index.html, Abruf am: 19.07.2012.

ESRI (2012b): NGOs and GIS. http://www.esri.com/news/arcnews/summer10articles/ngos-and-gis.html, Abruf am: 10.06.2012.

ESRI (2012c): Esri Nonprofit Organization Program: Overview.
http://www.esri.com/nonprofit/index.html, Abruf am: 10.06.2012.

ESRI Schweiz AG (2011): Versicherungswirtschaft, Naturgefahren Risikobewertung - Swiss Re - CatNet. http://www.esri-germany.de/industries/insurance/ESRI_Casestudy_Swiss_RE_CatNET.pdf, Abruf am: 24.05.2012.

g.on experience (2012): g.on aimPort mobile: Das Geoportal für unterwegs.
http://www.gon.de/167-0-g-on-aimPort-mobile.html, Abruf am: 04.05.2012.

GfK GeoMarketing (2010): GfK Bevölkerungsstrukturdaten. In: Geomarketing Magazin 2010 (01), S. 11.

GfK GeoMarketing (2011a): So funktioniert Ihre optimale regionale Marktbearbeitung. In: Praxiswissen GeoMarketing kompakt.

GfK GeoMarketing (2011b): Digitale Landkarten. Die ideale Basis für geografische Analysen und Plaungen. In: Geomarketing Magazin 2011 (04), S. 16.

GfK Geomarketing (2012): RegioGraph – Funktionsübersicht.
http://www.regiograph.de/versionen/funktionen.html, Abruf am: 19.07.2012.

Greenpeace (2012a): Greenpeace – Über uns – 40 Jahre Greenpeace International.
http://www.greenpeace.de/ueber_uns/geschichte/40_jahre_greenpeace_international/, Abruf am: 21.06.2012.

Greenpeace (2012b): GreenAction – Kampagnen. http://www.greenaction.de/kampagnen, Abruf am: 21.06.2012.

Greenpeace (2012c): Glaubwürdigkeit – das größte Kapital einer NGO.
http://www.greenpeace.de/themen/oel/brent_spar/artikel/glaubwuerdigkeit_das_wichtigste_kapital_einer_ngo/, Abruf am: 21.06.2012.

Greenpeace (2012d): Greenpeace Heilbronn. GreenAction Logo.
http://gruppen.greenpeace.de/heilbronn/pictures/greenaction_logo.jpg, Abruf am: 21.06.2012.

Greenpeace (2012e): Kampagne Pfälzerwald - Pro Nationalpark.
http://www.greenaction.de/kampagne/pfaelzerwald-pro-nationalpark, Abruf am: 22.06.2012.

Greenpeace (2012f): Kampagne Stoppt Shell – Rettet die Arktis.
http://www.greenaction.de/kampagne/stoppt-shell-rettet-die-arktis, Abruf am: 22.06.2012.

Grossmann, H. (1989): GIS in der Geographie. In: Geo-Informations-Systeme Heft 2/89, Karlsruhe, S. 2-4.

Grünreich, Dietmar (1992): Gewinnung von Basisdaten für Geo-Informationssysteme. In: Schriftenreihe des DVW, Band 4, Konrad Wittwer, Stuttgart.

Hauser (2012): Polyplot 5 – Einsatzgebiete.
http://www.polyplot.de/program_einsatzgebiete.html, Abruf am: 19.07.2012.

Heywood, Ian; Cornelius, Sarah; Carver, Steve (2011): An Introduction to Geographical Information Systems. 4 Aufl., Pearson Education Limited.

IMUK (2012): Mangelndes Umweltbewusstsein in Deutschland.
http://www.imuk.de/branchenanalysen/menschen.html, Abruf am: 21.06.2012.

Infas Geodaten GmbH (2012a): Standortanalysen. http://www.infas-geodaten.de/index.php?id=186, Abruf am: 06.05.2012.

International Cartographic Association (2003): Mission. http://icaci.org/mission/, Abruf am 18.04.2012.

Jochem, Rainer (2012): Neue 3D-Technologien für zukünftige Geoanwendungen im Netz. In: gis TRENDS+MARKETS 2012 (1), S. 16-23.

Judith Lamont (2009): BI works and plays well with others.
http://www.kmworld.com/Articles/Editorial/Feature/BI-works-and-plays-well-with-others-55831.aspx, Abruf am: 24.04.2012.

Kähny, Ulrike; Bergmann, Till (2012): Outletplanung bei E-Plus. http://www.infas-geodaten.de/index.php?id=158&mehr=1, Abruf am: 06.05.2012.

Kappas, Martin (2001): Geografische Informationssysteme. Westermann Schulbuchverlag GmbH, Braunschweig.

Kölmel, Bernhard; Wirsing, Martin (2002): Nutzererwartungen an Location Based Services-Ergebnisse einer empirischen Analyse. In: Zipf, Alexander; Strobl, Josef (Hrsg.): Geoinformation mobil. Herbert Wichmann Verlag, Heidelberg, S. 85-97.

Kroll, Johannes (2010): Geomarketing: Mikrogeografie im B2C-Direktmarkting. Diplomica Verlag GmbH, Hamburg.

Longley, Paul A.; Clarke, Graham (1995): GIS for Business and Service Planning. John Wiley & Sons, Hoboken.

Lutum + Tappert (2012): Software: Lutum + Tappert.
http://www.lutumtappert.de/software/?lang=de, Abruf am: 19.07.2012.

NGO Global Network (2012): Definition of NGOs. http://www.ngo.org/ngoinfo/define.html, Abruf am: 10.06.2012.

o. V. (2005): Why business intelligence firms must get mapping. In: Special Report: Gis, Precision Marketing, S. 26.

Olbrich, Gerold; Quick, Michael; Schweikart, Jürgen (2002): Desktop Mapping. Grundlagen und Praxis in Kartographie und GIS. 3. Aufl., Springer, Berlin.

Peyke, Gerd (2004): Die GIS-Zukunft und das Internet. In: Schäfer, Dirk (Hrsg.): Geoinformation und Geotechnologien. Anwendungsbeispiele aus der modernen Informations- und Kommunikationsgesellschaft. Geographisches Institut, Mainz, S. 9-19.

PitneyBowes (2012a): MapInfo Professional – Mapping and Analytical Applications – PitneyBowes Software. http://www.pb.com/software/Data-Mining-and-Modeling/Geographic-Data-Mining-Tools/MapInfo-Professional.shtml, Abruf am: 19.07.2012.

PitneyBowes (2012b): MapInfo Crime Profiler. http://www.pb.com/software/Data-Mining-and-Modeling/Geographic-Data-Mining-Tools/MapInfo-Crime-Profiler.shtml, Abruf am: 19.07.2012.

PitneyBowes (2012c): MapXtreme. http://www.pb.com/software/Data-Mining-and-Modeling/Geographic-Data-Mining-Tools/MapInfo-Crime-Profiler.shtml, Abruf am: 19.07.2012.

Pressebox (2012): Studie: IT-Manager setzen auf Geo-Technologien für Umsatzerhöhung, Kostensenkung und Effizienzsteigerung. http://www.pressebox.de/pressemeldungen/google-germany-gmbh/boxid/484844, Abruf am: 04.05.2012.

RMS (2012): RMS global models. http://www.rms.com/models/, Abruf am: 19.06.2012.

Saurer, Helmut; Behr, Franz-Josef (1997): Geografische Informationssysteme. Eine Einführung. Wissenschaftliche Buchgesellschaft, Darmstadt.

Schüssler, Frank (2000): Geomarketing - Anwendung Geographischer Informationssysteme im Einzelhandel. 2. Aufl., Tectum-Verlag, Marburg.

Siebert, Andreas; Dolezalek, Lorenz (2008): Sicher im Geschäft. In: arcaktuell 2008 (2), S. 22-23.

Steingrube, Wilhelm (1997): Geodaten für das Business Mapping: Die Karten. In: Leiberich, Peter (Hrsg.): Business Mapping im Marketing. 1. Aufl., Wichmann, Heidelberg, S. 39-64.

Sturm, Thomas (2008): Geomarketing – Ein Instrument zur Erhöhung der Verkaufsfähigkeit von Produkten der Industrieautomation. Institut für Geographie, Augsburg.

Swiss Re (2012): About Us. http://www.swissre.com/about_us/, Abruf am: 24.05.2012.

Swiss Reinsurance Company (2008): Swiss Re CatNet-Guide GeoPortal. http://www.nxtbook.fr/newpress/swiss-re/CatNet-Guide/Geoportal/#/0, Abruf am: 24.05.2012.

Szabo, Stefanie (2006): Innovative Geo-Informationssysteme. Entwicklung, Einsatzfelder, Erfolgsfaktoren. VDM Verlag Dr. Müller, Saarbrücken.

Unicef (2012a): About UNICEF: Who we are. http://www.unicef.org/about/who/index_introduction.html, Abruf am: 22.06.2012.

Unicef (2012b): Projektziel: Schulen für Afrika. http://www.schulenfuerafrika.de/projekte/projektziel/, Abruf am: 18.07.2012.

Unicef (2012c): Unicef – Schools for Africa – Why Education is important. http://www.schoolsforafrica.com/aboutsfa/11_whyeducation.htm, Abruf am: 18.07.2012.

Zipf, Alexander; Strobl, Josef (2002): Geoinformation mobil. Herbert Wichmann Verlag, Heidelberg.